Témoignages de parents
sur le handicap mental en France.

Témoignages de parents sur le handicap mental en France.

Pour la prise en compte de l'avis des parents dans les établissements spécialisés.

Bernard PEYROLES

2 016
Tous droits réservés.

ISBN-13 : 978-1523931880

ISBN-10 : 1523931884

Aux parents,

Aux frères et sœurs,

Pour leurs témoignages,

Pour que nos enfants et adultes vivent leur vie.

Au lecteur

Nous livrons ici les témoignages que les parents d'enfants ou d'adultes handicapés mentaux ont bien voulu nous envoyer sur la prise en charge de leurs enfants et adultes au sein des établissements spécialisés qui les accueillent.

S'ils ont été recueillis majoritairement dans le cadre de l'Association ANDEPHI, ces témoignages de femmes et d'hommes, mais aussi de frères et sœurs, vont au-delà des activités d'une association.

Ils sont la traduction de moments importants de vie, au jour le jour. Des moments qui ne finissent jamais pour s'occuper d'un enfant ou d'un adulte handicapé.

C'est pour cela que le mot « moment » est utilisé volontairement, car il se voudrait léger, rapide et fugace.

Tout le contraire de ce que vivent les familles lorsque le handicap mental entre dans leur vie.

Comment ne pas éprouver un sentiment d'inquiétude en mettant ces témoignages dans cet ouvrage ?

En les rendant publics, nous devions veiller d'abord à protéger ceux qui s'étaient confiés à nous et les mettre à l'abri de possibles retours d'ennuis dans la prise en charge de leur enfant.

Nous avons retiré tous les éléments trop personnels. Les noms et les lieux ont été volontairement supprimés ou changés.

Pour chaque témoignage, la difficulté a été de faire ressortir l'idée principale de ce qu'a vécu son auteur, en faisant attention à ce que la partie émotionnelle, inévitable et indispensable, ne perturbe pas, outre mesure, le jugement du lecteur.

Il nous fallait faire attention à ne pas « aseptiser » le contenu de chaque message en voulant dissimuler certains éléments de l'existence de ces familles.

Nous avons veillé à relater ce que chacune d'elles a vécu.

Ce qui est certain, c'est que tous les parents d'enfants et adultes handicapés ne sont pas à l'abri de ce que nous rapportent ces témoignages.

Ce qui compte, c'est ce que vivent les familles, dans leur ensemble, dans le monde du handicap mental.

Il faut aussi dire qu'aucun témoignage reçu ne fut anonyme.

Des témoignages souvent forts qui montrent leur confiance à ceux à qui ils étaient adressés. Et pourtant, on ne se connaissait pas. L'éloignement géographique de la plupart des parents fait que nous nous sommes peu rencontrés.

Avec certaines familles, les échanges ont été réguliers et nous avions l'impression que l'on se connaissait un peu, que l'on partageait beaucoup.

Le monde du handicap est plus vaste qu'il n'y paraît. Finalement, il est assez cloisonné, même s'il existe toujours des passerelles entre les éléments qui le composent. Handicap mental, handicap moteur et handicap psychique ont des points communs mais pas forcément une volonté propre à chacun de s'unir pour obtenir des améliorations notables de prises en charge pour tous.

De ce fait, le monde du handicap est assez hiérarchisé.

Notre volonté, en abordant cette partie du monde du handicap que sont les établissements spécialisés pour les personnes handicapées mentales, est de raconter l'insuffisance criante des moyens, sans nier les progrès indéniables qui ont été faits au cours de ces dernières décennies.

Les témoignages présentés sont importants pour relater les conditions sociales que vivent tous les parents.

Et ce n'est pas rien ce que vivent les familles dès l'annonce du handicap de leur enfant.

Les témoignages reflètent-ils la réalité ?

« Quand on lit les témoignages des familles, on a l'impression que tout va mal et que rien ne se passe correctement dans le monde du « handicap » et plus particulièrement dans les établissements spécialisés ».

C'est ce que disait dernièrement un parent.

Bien sûr, la plupart des établissements spécialisés fonctionnent correctement.

Bien sûr, on ne parle jamais « des trains qui arrivent à l'heure ».

Et pourtant, ces témoignages, nous ne les avons pas inventés.

Et pourtant, nous n'avons pas mis tous les messages que nous recevons. Les messages évoquant des cas très personnels comme ceux liés à des conflits ne sont pas présentés ici pour des raisons de discrétion évidente et souvent parce qu'ils sont en cours d'instruction.

Ce livre n'est pas un ouvrage professionnel ou écrit par des professionnels.

Ce livre ne prétend pas leur « donner des conseils » sur ce qu'il faut faire ou ne pas faire.

Ce livre est un livre de parents.

Nous rendons hommage à tous les professionnels, et en particulier à celles et ceux qui sont en prise directe, en vivant au jour le jour, avec nos enfants. Ces lignes, nous les avons voulues simples, comme une simple succession de témoignages, loin du jargon médical et de la complexité des méandres administratives.

Nier l'existence d'un malaise important dans la relation de confiance qu'ont les parents vis-à-vis des établissements spécialisés ne serait pas objectif.

D'abord, il y a cette insuffisance honteuse de places d'accueil qui trouble les familles en créant des injustices. Il y a les familles qui ont une place rapidement et il y a les autres, celles dont l'enfant ou l'adulte a un handicap sévère avec des troubles du comportement. Et plus les troubles du comportement sont sévères, plus les familles ont ce sentiment fort d'être délaissées par la société.

Difficile de se faire entendre lorsque ce sentiment d'isolement et de délaissement s'abat sur vous ! Les parents méritent d'être écoutés. Ils ont une expérience légitime acquise « sur le terrain » et ont le droit de l'évoquer et de la manifester. Car il faut bien reconnaître que l'avis des parents est bien souvent absent dans la prise en charge de leur enfant ou adulte handicapé.

Car il faut bien reconnaître que les parents se mêlent très peu des associations gestionnaires d'établissements spécialisés même si ces dernières se réclament, pour beaucoup d'entre elles, être des associations de parents.

L'État pourrait prendre enfin ses responsabilités en évitant de se décharger du problème du manque de places d'accueil sur les associations et en s'occupant lui-même des établissements d'accueil.

Il est important que l'orientation d'un enfant ou d'un adulte handicapé vers un établissement spécialisé ne soit pas un choix par défaut, parce qu'on ne peut pas faire autrement. Le monde du handicap a beaucoup progressé dans le domaine de la prise en charge, mais il reste encore beaucoup à faire.

Écouter les parents serait une avancée importante dans la réflexion pédagogique des établissements d'accueil même ceux qui se réclament appartenir à une association de parents.

Nos enfants ne sont pas malades, ils sont handicapés mentaux.

C'est ainsi.

Et après avoir joué sur les mots, quelle est la différence ?

Tout.

La normalité n'étant pas au rendez-vous, il a bien fallu chercher les causes, et parer à l'urgence de la situation.

Maintenant, il convient qu'ils vivent le mieux possible.

Qu'ils tiennent leur place comme chacun d'entre nous. Et ils la tiennent. C'est certain.

Ils sont nés handicapés mentaux dans des familles, et ce n'est pas une mince affaire pour elles.

Notre vie ne sera jamais tout à fait ordinaire, mais, pour eux, celle qu'ils vivent, au jour le jour, tous les parents souhaiteraient qu'elle le soit.

Une vie ordinaire pour un enfant ou un adulte handicapé mental serait l'assurance qu'il se sente bien.

Et parfois, tous les parents rêvent que leurs enfants et adultes « mènent leur vie », certes un peu différente, et qu'ils y arrivent.

Encore faut-il que les structures d'accueil suivent ! Et là, l'état des lieux n'est pas ordinaire.

Par contre, notre révolte sur cette insuffisance d'établissements est ordinaire. Elle est partagée par l'ensemble des familles confrontées à ce problème.

Rêver ne sert à rien, mais on peut toujours espérer.

Ce livre est l'expression d'un malaise sur la situation du handicap mental actuel.

Ce livre traduit le souhait des parents pour la reconnaissance de la gravité du problème du handicap mental.

Les aides financières sont certes importantes mais ne suffisent pas à calmer le désarroi des parents.

Nous n'avons pas la prétention de détailler tous les pans qui composent la prise en charge dans sa globalité mais, par quelques points, de montrer ce que vivent et ressentent les familles dont l'enfant ou l'adulte part dans un établissement spécialisé.

Sommes-nous en décalage par rapport à la réalité ?

Nous, nous ne le pensons pas !

Nous pensons que nous sommes encore, souvent, en dessous de la réalité.

Je suis le père d'un enfant handicapé.

J'ai toujours l'impression que, quand on s'adresse à moi sur ce sujet, je suis un « cas social ».

Bernard PEYROLES

Père de deux enfants dont l'un est âgé de 28 ans, polyhandicapé, qui vit en Foyer de Vie.

Président de l'Association Nationale de Défense des Personnes Handicapés en Institution (ANDEPHI). www.andephi.org

Préface

QUELQUES RÉFLEXIONS...

LE TEMPS QUI PASSE...

Hier, je me regardais dans la glace et je me disais que oui, décidément le temps a passé. Ce temps qui passe, et que l'on ne récupère jamais. Nous, parents d'enfant handicapé, avons du temps une notion particulière. Lorsque notre enfant est petit, nous avons tant de difficultés que l'on aimerait bien se retrouver projeter dans l'avenir, dans cinq, dix, voire quinze ans plus tard.

On aimerait bien que le temps passe, espérant ainsi fuir les obligations présentes qui, sont quelquefois si lourdes qu'elles nous paraissent insurmontables. On aimerait bien que le temps passe et, pourtant, nous avons du mal à imaginer quel sera notre futur ? Le futur d'une famille avec un enfant ou un adulte handicapé, quel est-il ?
Comment pouvoir concilier vie personnelle, familiale et professionnelle, lorsque l'anormalité apparaît au sein de notre foyer ? Ces questions j'y ai été confrontée, comme tout parent. Comme tout parent d'un enfant polyhandicapé je me suis demandée comment j'allais faire pour arriver à surmonter l'insurmontable. Voir son fils, irrémédiablement réduit à une assistance constante, sans espoir de la moindre amélioration.

Voir les autres enfants se développer, aller à l'école, et voir que le sien, malgré le temps qui passe, reste toujours au même niveau.
Combien de fois ai-je pensé, : « tiens, aujourd'hui mon fils a 6 ans, il devrait aller au cours préparatoire. Là il a 11 ans cela devrait être son entrée en 6ème, etc. ».

Cette réflexion, je me la ferai pour tous les événements importants qui jalonnent la vie d'un enfant.

Je ne pense pas être la seule à avoir raisonné ainsi. Son enfant, bien que l'on sache qu'il est différent, on ne peut s'empêcher, d'une manière ou une autre, de le comparer à la normalité. Bien sûr avec le temps qui passe, ce fameux temps qui passe, on devient plus raisonnable.
On se surprend à « avoir accepté la situation ». Mais l'a-t-on vraiment acceptée ?
Peut-on accepter une situation que l'on n'a pas choisie, une situation où tout semble figé à jamais pour notre enfant. Une situation où le mot « projet » n'a pas beaucoup de sens. Non, acceptation n'est pas vraiment le terme qu'il faudrait employer. Peut-être serait-ce plus juste de dire, adaptation. Adaptation à une situation que l'on ne pourra malheureusement jamais changer. Accepter ce que l'on ne peut changer n'est rien d'autre, qu'une philosophie de vie que l'on est bien obligé, nous, parents d'enfant handicapé, d'adopter, pour ne pas tomber dans un marasme sans fond.

Donc on accepte. On accepte et puis le temps passe... Ce fameux temps. On se dit que notre enfant a sa vie, qui n'est en somme, pas plus nulle qu'une autre et on arrive ainsi, cahin, caha, à se, à nous, fabriquer une vie. Une vie différente certes, mais une vie, tout de même, avec ses joies et ses peines.

Notre enfant grandit. Si nous avons « de la chance » il arrivera à rentrer dans une structure, et la vie continuera.

On arrivera même à rire et à se fabriquer, comme tout un chacun, des moments de vie heureux, des moments de vie où chaque membre de la famille, arrivera à trouver sa place. Des moments de bonheur et de partage. Des moments qui resteront à jamais gravés dans notre mémoire.

Parfois même, on se dira que, quelque part, nous avons eu de la chance. Eh oui, car grâce ou à cause de notre enfant si différent, nous avons pu rencontrer des gens extraordinaires. Ces gens, nous serions passés à côté, sans savoir qu'ils existent, si nous n'avions pas été confrontés au handicap mental. Et aujourd'hui, quand j'y pense, après toutes ces années, je me dis que cela aurait été bien dommage.

Entrer dans cet univers nous permet d'appréhender le monde et les personnes d'une manière différente. Nous savons désormais où se trouvent les vraies valeurs. Nous savons distinguer l'important du futile, le superficiel du réel. Eh oui, vivre au côté d'un enfant différent, nous rend nous aussi, différents. Hypersensibles, certes, nous le sommes devenus. Cette hypersensibilité quelquefois si difficile à vivre, dans ce monde où tout n'est que superficialité, devient, je pense une richesse, car elle nous permet de nous ouvrir à d'autres mondes où règnent aussi trop souvent l'injustice et la bêtise des hommes.

Et puis, on arrive à un âge, où le temps, ce fameux temps, si long, si interminable au début de notre parcours, devient subitement si court. Il arrive un âge où tout semble s'accélérer avec comme toile de fond, la peur de laisser notre enfant seul, sur le bord de la route. Car cet enfant, au fil des ans, nous l'aimons par-dessus tout. Entre lui, et nous s'est tissé un lien indéfectible.

Cet enfant, pour qui nous comptons par-dessus tout, nous est devenu au fil du temps, de plus en plus précieux.

Certes, il y a, pour les « plus chanceux » des institutions qui s'occuperont de nos enfants, mais qu'adviendra-t-il d'eux, vraiment, lorsque, nous, les parents, ne serons plus là ?

 Bien sûr la fratrie, lorsqu'elle existe, s'occupera, du suivi de leur frère ou de leur sœur. Cette fratrie elle-même, fragilisée par une enfance, pas comme les autres, prend dans la plupart des cas, d'elle-même le relais des parents, mais peut-elle vraiment les remplacer lorsque l'on sait que des liens si particuliers se sont tissés entre notre enfant et nous ?

Vaste débat. Vaste question.

Angèle PEYROLES

CHAPITRE 1

Écrire un livre sur le handicap et pour quoi faire ? Un livre de plus, un livre qui raconte encore une histoire personnelle. Est-ce que cela intéresse vraiment, à part celles et ceux concernés, celles et ceux touchés, ancrés dans le monde du handicap ? Et dans les handicaps, il y a le handicap mental. Dans toutes les familles, au sens large du terme, il y a une personne handicapée mentale, soit qu'il s'agit d'un proche avec qui on vit ou avec qui on a vécu au quotidien. Il y a aussi celles et ceux dont on a entendu parler, mais sans plus, un cousin éloigné, un membre d'une autre branche de la famille, mais que l'on n'a pratiquement pas vu.

La normalité, c'est ce qui fait tourner la société. La normalité c'est le plus grand nombre. Attention si vous échappez à ce plus grand nombre, vous ne correspondez plus à une vision globale de ce que doit être un homme ou une femme bien inscrit dans son époque. Le handicap mental met hors normes établies celui qui en souffre. Il est à part dans la société ou plutôt à côté. Autrefois, il était mis à l'écart, presque oublié.

Être handicapé mental, c'est un destin, des émotions.

C'est un itinéraire difficile qui mérite pleinement de s'inscrire dans notre société comme l'itinéraire de chacun d'entre nous car chaque itinéraire est unique.

Perspectives d'une vie.

Itinéraires

Je suis le père d'un enfant handicapé âgé de 31 ans, c'est-à-dire que j'ai subi les routes de l'orientation. Vous voyez que, d'emblée, j'associe handicap à une difficulté d'orientation qui va se poser sur l'itinéraire de la personne handicapée, mais aussi sur le chemin des parents.

L'écart entre les professionnels et les parents, la méfiance qui peut s'instaurer éventuellement entre eux, tient du fait, en grande partie, que chaque parent raisonne en unité, alors que les professionnels raisonnent en termes de plus grand nombre. Pour les parents, il s'agit du devenir de leur enfant, pour les professionnels, il s'agit du problème de l'orientation pris dans sa globalité.

Ce n'est pas par égoïsme que ce raisonnement se fait dans la tête des parents, mais comme tous les parents, l'affectif entre dans cette considération. Le handicap de son enfant est la grande affaire de la vie des parents.

Pour les professionnels, et c'est bien normal, cela reste du domaine professionnel.

Pour un parent, il n'y a pas de répit, il va continuellement être amené à se confronter au handicap de son enfant. Vont se mêler, de ce fait, l'affectif et le subjectif. À partir de cela vont naître des incompréhensions. Ces incompréhensions, à ne pas être écouté, à ne pas être, parfois, pris au sérieux comme on le souhaiterait font apparaître un décalage.

C'est sur ce décalage que les parents ne se retrouvaient pas totalement dans les associations gestionnaires d'établissements même si certaines ont le mot « parents » compris dans leur sigle.

Peut-on parler de l'avenir des personnes handicapées comme si de rien n'était ? Cela est un peu surréaliste.

Nous devrions nous réjouir de parler de l'avenir des personnes handicapées. Cela prouve que la santé de ces personnes concernées progresse en qualité comme l'ensemble de la population.

Mais parler de l'avenir des personnes handicapées commence par, rêvons un peu, un nombre suffisant de places d'accueil à tous les échelons de la vie de « l'orientation de nos enfants handicapés ».

Tout part, et vous l'avez bien compris, des places d'accueil dès la plus petite enfance. Pour que nos enfants vivent toute leur vie dans de bonnes conditions, il faut que les plus jeunes commencent eux aussi dans de bonnes conditions. Nous pensons que cela est loin d'être le cas.

En tant que parent, je parle des réalités que, nous parents, vivons. Je ne peux donc pas me placer dans une position d'approche professionnelle.

À chacun sa place !

Les frères et les sœurs s'inquiètent du devenir d'un des leurs, handicapé, ayant dépassé souvent la quarantaine.

Les parents sont à bout de souffle, eux-mêmes vieillissants.

Certains ne veulent rien entendre sur les perspectives de « placement en institution », ayant consacré toute leur vie, et ayant l'intention d'accompagner jusqu'à la dernière limite de leurs forces leur enfant handicapé.

Ce sont évidemment les frères et les sœurs qui s'alarment de cette situation. Il est bien possible qu'un certain sentiment de culpabilité s'instaure avec cet état de fait.

Il n'y a aucune raison que la fratrie ait obligation d'accueillir en hébergement, après la disparition des parents, le frère ou la sœur handicapée.

Quand on demande l'historique de cette situation, on s'aperçoit que tout est parti, dès les premières années, de prise en charge sur un terrain de scepticisme voire de méfiance par rapport aux institutions.

Au moment de la première enfance, nous les parents, on se dit que rien ne presse, et progressivement, on saisit l'ampleur des difficultés qui arrivent une fois l'annonce du Handicap « avalée mais non digérée ».

Le problème de l'orientation fausse la logique que tout parent devrait avoir.

En fait, qui dit orientation dit plusieurs choix.

Or il n'y a pratiquement jamais plusieurs choix. Le travail des parents, pour atténuer leur culpabilité à accepter de mettre en internat leur enfant, est long à venir.

Quand l'internat entre dans le raisonnement, souvent il n'y a pas de place. Il faut attendre très longtemps. Plus on attend, plus l'intégration dans la structure devient difficile. Vous imaginez l'ampleur que crée ce décalage au cours des années et l'accentuation de la culpabilité de se séparer de son enfant devenu vieux.

C'est pour cela que de nombreux parents vous disent avoir conscience de la nécessité de mettre leur enfant dans une structure d'hébergement car « ils n'y arrivent » plus, mais reculent l'échéance le plus longtemps possible.

En finalité, on aimerait bien que l'institution soit là quand ce ne sera vraiment plus possible. Malgré tout ce que l'on peut dire sur l'institution en général, les parents comptent sur elle, en dernier recours.

25

Parler de l'itinéraire de la vie d'une personne handicapée en isolant une période particulière par rapport aux autres périodes qui ont jalonné la vie, m'est difficile car comment voulez-vous parler de ce sujet sans prendre en considération le côté politique du handicap avec ces carences bien réelles.

Les parents l'ont bien compris.

Nous avons eu des exemples de retour à la maison, faute de places, malgré l'amendement CRETON qui reste encore très flou quant à son application.

C'est vrai que c'est rare mais comment voulez-vous qu'un parent n'ait pas une certaine méfiance vis-à-vis du système.

Je me place toujours en amont car les moyens pratiques et pédagogiques pour accueillir une personne handicapée sont du domaine professionnel.

Mais que demander à un parent lorsque l'on parle du futur de leur enfant ?

En fait, pour parler clairement et froidement, la question est : que deviendront nos enfants handicapés quand nous ne serons plus là, quand nous serons morts ?

Et là, évidemment, pour nous les parents, cette question nous rend peu bavards car elle nous renvoie au plus profond de nous-mêmes.

Nous sommes tellement habitués à gérer les problèmes au quotidien que cela nous rend perplexe. En fait, comme au passage en internat, on souhaite que la structure d'accueil soit comme une seconde famille.

On aimerait y croire à cette idée de deuxième famille mais, plus la structure d'accueil est importante, moins on y croit. On aimerait bien que soit vrai mais les grosses unités ne sont pas là pour nous rassurer.

Trop de hiérarchie, et elle peut être redoutable. Trop de personnels changeants font que le résident a du mal à se retrouver.

Personnellement, plus la structure est petite, plus je suis rassuré. Je m'y retrouve comme le résident. Je sais à qui m'adresser. Je n'aime pas les blouses comme je les ai vues dans certaines MAS que j'ai visitées. Cela me rappelle trop l'hôpital.

Avouez que, malgré tous les séminaires possibles, on est loin de l'idée de la deuxième famille !

Je n'aime pas que les vêtements des résidents soient collectifs sous prétexte que c'est plus simple pour le lavage. Ces deux exemples qui semblent être peu importants au regard de l'enjeu pédagogique de l'accueil des personnes handicapées sont là pour montrer que le désarroi des parents n'est pas exagéré.

Les qualités d'une petite structure sont indéniables. Elles resserrent les liens entre les résidents mais aussi entre le personnel et les résidents. Elle tend vers la notion de deuxième maison. Elle s'adapte aussi bien pour les jeunes *que pour les personnes âgées. Une série de 3 ou 4 appartements, reliés entre eux, pour au maximum, 8 à 10 résidents. L'espace journée intègre la cuisine où le repas est préparé sur place, et non servi par un prestataire de services. Seulement un comptoir sépare la cuisine de la salle à manger. Le résident, même s'il est incapable de participer à la préparation du repas, peut, de l'endroit où il se trouve, voir la cuisinière ou le cuisinier travailler. Ce détail peut, lui aussi paraître insignifiant, mais il contribue à ce que j'appellerai l'ambiance.*

C'est cela qui fait que la notion de famille peut resurgir, un peu, dans l'émotion du résident.

Il va sans dire que les établissements doivent être intégrés dans un quartier où le résident peut participer aux courses comme tout simplement acheter le pain.

En fait, pour nous parents, ce que deviendront nos enfants, après notre disparition, est source de préoccupation car rien ne se dessine nettement.

Doit-il y avoir des MAS de retraite ? Oui, si la personne retrouve les mêmes schémas qui ont jalonné toute sa vie. Mais le vieillissement des personnes handicapées n'est pas un handicap supplémentaire qui s'ajoute aux autres handicaps. Il s'inscrit dans la logique du vieillissement de la population avec les problèmes spécifiques liés à cette période de la vie.

Encore une fois, on peut raisonner sans fin mais si les moyens ne suffisent pas, nous irons vers une situation fortement critique qui ne dépendra pas du manque de réflexions sur le sujet mais sur un manque de solidarité de la société envers nos aînés et en particulier les personnes handicapées.

Dans le sens premier du mot, il ne s'agit, ni plus ni moins, là aussi, que d'un problème politique.

Mais le problème du handicap mobilise-t-il vraiment toutes les consciences ?

Au début, on a du mal à prendre conscience de l'ampleur du problème. Il y a les « autres » qui veulent vous remonter le moral. Rien de plus déprimant que d'entendre une personne, un ami vouloir vous remonter le moral à chaque rencontre. On aurait presque envie de l'éviter. Comme si c'était facile d'être fort devant l'épreuve.

Les épreuves, elles arrivent vite.

Médecins, spécialistes, CMPP, visites à l'hôpital qui n'en finissent plus, des heures et des heures d'attente... Pour y faire quoi ? Entendre plus ou moins bien dit, plus ou moins fait avec tact, le même verdict, la même constatation.

Passent aussi les années. Rapidement. C'est fou ce que le temps glisse avec les problèmes. L'âge : Notion importante chez les enfants et adultes handicapés. La progression, le développement ne suivent pas mais l'âge suit son cours. L'âge prend son importance. Et de plus en plus.

•

Je suis la sœur d'une personne handicapée âgée de 40 ans. Elle n'est pas autonome dans les gestes de la vie quotidienne et souffre de crises d'automutilation.

Notre frère a un comportement qui sollicite une attention de tous les instants (crises obsessionnelles, anxiété...). Malgré de nombreuses démarches pour trouver un placement permanent dans une structure adaptée à son degré de handicap, il se retrouve sans solution, et ce sont nos parents très âgés qui, depuis environ 30 ans, sans relâche, s'occupent de lui à leur domicile.

Mais en vieillissant, ils éprouvent de plus en plus de difficulté à le gérer et s'épuisent. Cette situation est plus que préoccupante pour nos parents et ne peut mener qu'à un écroulement psychique voire à une issue définitive et dramatique.

La situation est également dramatique pour notre frère car, pour remédier à l'absence d'une prise en charge adaptée à son handicap (et notamment éducative), c'est le traitement médicamenteux très lourd (combinaison de plusieurs neuroleptiques notamment) qui fait office de « soupape de sécurité » en le maintenant dans un état

« plus supportable » pour nos parents car moins agité mais avec de nombreux effets secondaires (léthargie, atonie, perte d'équilibre, troubles gastro-intestinaux, mauvaise déglutition, salivation excessive...) et qui détériore progressivement mais sûrement sa santé.

La réalité aujourd'hui est que, à cause du manque de places en structures dédiées à l'autisme, mon frère n'a pas eu la chance de pouvoir progresser grâce à une prise en charge éducative, alors qu'il a montré de véritables capacités d'évolution. Les médicaments se sont donc substitués à l'éducation. Son droit à un accès aux soins et à l'éducation n'est pas respecté.

Devant l'absence de place disponible en structure, le Docteur G nous a proposé de créer par nos propres moyens un « réseau » de soignants à domicile (auxiliaires de vie, éducateurs, psychologue, orthophoniste) que nous devons recruter et coordonner nous-mêmes pour assurer le suivi thérapeutique et éducatif de L.

La PCH (Prestation Compensatoire du Handicap) nous assure une enveloppe d'aides illimitée à la hauteur des besoins qui seraient à évaluer. On voit bien ici que l'idée de la désinstitutionalisation des adultes handicapés au sein de la collectivité a fait son chemin, d'autant plus que les directives européennes vont dans ce sens. En effet, cela revient moins cher d'inciter les parents à garder leur enfant handicapé à la maison même en « donnant » une compensation financière importante pour que les familles s'organisent chez elles plutôt que de créer et financer des places d'accueil stables dans des établissements spécialisés.

Les droits des personnes handicapées ne sont à l'évidence pas placés au centre des politiques du handicap. Pourtant, nos handicapés n'ont-ils pas le droit d'avoir une vraie prise en charge au sein de la collectivité ?

En outre, il faut avoir vécu ce que vivent nos parents depuis 40 ans pour comprendre que cette solution est choquante et irrecevable pour eux qui ont tout sacrifié pour notre frère (financièrement et socialement) et qui aspirent à une retraite plus paisible après une longue vie active passée.

Enfin, cette solution de structure à domicile est loin d'être satisfaisante au regard du degré de handicap de L.

Durant combien de temps encore nos parents devront-ils pallier aux manquements de l'État ? Dans un cas extrême comme celui-ci, l'État ne doit-il pas être en mesure de leur apporter une réponse ? Le Plan Autisme est loin d'être satisfaisant pour les adultes autistes, et surtout pour les plus sévèrement atteint comme notre frère. Dans le département où mon frère réside, il n'existe qu'une seule structure dédiée aux adultes autistes comportant 7 places. Mais cela n'est pas étonnant quand on sait qu'il n'existe aucune statistique publique sur le nombre d'adultes autistes en France. Les plans mis en place aux niveaux nationaux puis régionaux ne peuvent donc qu'être dérisoires et inadaptés face aux besoins grandissants et à la détresse de trop nombreuses familles comme la nôtre.

Qui a planché sur les listes d'attentes des établissements accueillants ces adultes pour prendre la mesure de l'ampleur des besoins ? Des autistes qui deviennent adultes, qui vieillissent et des parents qui vieillissent plus encore... En outre, la question n'est pas seulement le nombre de places mais l'adaptation de l'offre aux besoins. Le manque de personnels soignants formés à l'autisme est criant. Comment faire pour trouver des orthophonistes, des psychologues formés à l'autisme ? Même les psychiatres qui ont suivi mon frère sont arrivés au bout de leurs limites avec lui. La seule solution actuelle consiste en des placements temporaires dans des Maisons d'Accueil Spécialisées. Elle est bien sûr totalement inadaptée car L a besoin d'un environnement stable, immuable.

Pendant 6 mois, cette année, mon frère a donc fait l'expérience traumatisante d'un ballottage entre quatre lieux différents : deux MAS, un hôpital psychiatrique et le domicile. Son état s'est dégradé, il en est ressorti changé, très angoissé. Durant cette période, il a dû être hospitalisé à trois reprises. Encore une fois, les médicaments ont été la seule réponse aux angoisses de notre frère. Désormais, il est paniqué à l'idée de retourner dans une structure.

Nous avons bien pensé à la solution radicale du placement en urgence, mais cette dernière déracinerait L en le coupant de sa sphère familiale.

Cet exil forcé nous paraît donc inhumain. Est-ce normal que mon frère ne puisse bénéficier d'un placement adapté à son degré de handicap et qui soit digne dans sa région natale ? Les familles, n'ont-elles pas d'autres choix que d'envoyer leurs enfants dans le sud de la France ou, pire, en Belgique, où pullulent des structures non agréées dédiées exclusivement aux ressortissants français ? Comme de nombreuses familles dans notre cas, nous sommes extrêmement inquiètes pour l'avenir de notre frère ainsi que de celui de nos parents.

En effet, ce constat ne donne aucune perspective d'avenir pour notre frère. Nous examinons toutes les pistes qui peuvent nous aider.

Nous avons écrit à Mme la Ministre chargée des Personnes handicapées et de la Lutte contre l'exclusion.

•

Nos enfants sont des malheureux, ils n'ont pas bénéficié dès leur naissance de la même égalité que les autres ; est-ce pour cela qu'ils doivent, durant toute leur vie, vivre enfermés dans des institutions de plus en plus despotiques. Les directeurs, sous couvert de jurisprudences, de nouvelles lois et de décrets interprétés à leur convenance afin d'éviter la responsabilité d'un éventuel malheureux accident, réduisent de plus en plus leur liberté.

●

Que penser de ceux qui n'ont pas ou plus de parents, restant en permanence dans l'établissement ?

Posons-nous la question. Que ressentent-ils eux qui ont une sensibilité plus aiguë que la nôtre quand leurs compagnons reviennent de vacances ou de week-end ?

Les familles d'accueil seraient une solution si celles-ci étaient sollicitées. Par malheur, leur nombre fond comme neige au soleil. Une destination pour certains en attendant une admission dans une institution.

●

Je me trouve dans cette situation, où depuis son plus jeune âge, ils ont voulu envoyer mon enfant en Belgique.

Aujourd'hui ils persistent car ne trouvant pas de lieu de vie, pour elle qui a 20 ans, ils font faire des stages et après il ne se passe rien. Je suis fatiguée de ses « va-et-vient ».

Merci de prendre acte.

●

Je n'aime pas trop parler du handicap de mon fils dans mon entourage professionnel, non pas que je veuille le dissimuler, mais surtout de crainte que l'on me plaigne. « Je te plains » est pour moi comme un coup que l'on me porte. Le handicap de mon fils est partie prenante de ma vie. Les « autres », peuvent-ils comprendre ce que cela veut dire. Les rares fois où j'évoque le handicap, je dis : « mon fils ne saura jamais lire et écrire ». Cette phrase veut tout dire. Lorsque j'entends les collègues parler des études, parfois brillantes, de leurs enfants, je n'éprouve aucun ressentiment. C'est autre chose, comme un autre monde qui ne me concerne pas. On évolue dans sa sphère, et l'acquisition de la marche à cinq ans et demi fut, pour moi, une aussi grande joie que d'apprendre le succès de son enfant au concours d'entrée d'une grande école. Il n'y a pas de dérision dans ce que j'écris, et pourtant je me suis toujours méfié des comparaisons Elles sont là et inévitables.

De l'ambition pour mon fils handicapé, j'en ai. Celle de le voir mener sa vie au mieux, avec ses joies et ses peines. Qu'il mène sa « petite vie » sans trop être bousculé par les événements que l'avenir lui réservera inévitablement. Ce sera une vie accomplie, et s'il la parcourt avec un peu de bonheur, il aura tenu sa place.

Pour mon fils aîné, celui qui est « normal », je suis persuadé que tous ces événements qui auront bousculé son enfance le transformeront de manière positive. Il ne peut que ressortir grandi. Tout jeune, dès l'âge de trois ans, il a appris à appréhender en douceur la différence. Il a fait l'apprentissage de la tolérance. Pour lui aussi, sa vie sera ce que le destin lui réservera, mais je suis sûr que l'approche de l'autre l'emportera toujours sur l'ambition aveugle.

C'est par dizaines que je pourrais vous citer des cas où la présence d'un enfant handicapé mental a bouleversé la vie de la famille.

Tous ces problèmes, je les partage.

Au-delà de la vie qui bascule, il y a cette question qui revient sans arrêt : Que deviendront nos enfants ?

Des progrès dans l'accueil, l'éducation et la recherche ont été réalisés, mais tout reste globalement insuffisant.

●

Ma fille a été hospitalisée à plusieurs reprises par le Foyer qui l'accueillait depuis un an suite à un hématome crânien. Maintenant la direction a retiré ma fille de ses effectifs invoquant le fait qu'ils ne sont plus payés du prix de journée par le Conseil Général. J'ai fait un courrier à la MDPH pour demander qu'elle soit mise dans les « cas critiques ». Cela ne change presque rien.

Ils n'ont aucun établissement à me proposer sauf un dans le Cantal et la Belgique... Dois-je arrêter de travailler et reprendre ma fille à domicile ?

Déjà qu'elle a perdu beaucoup d'autonomie, cela ne va pas s'arranger en restant à la maison, sans compter les problèmes financiers. Avec un salaire en moins, et les problèmes pour mon fils étudiant, et mon mari... Fini la vie de couple. Je ne vois qu'un moyen en ce moment, que moi et ma fille, nous disparaissions, comme ça plus de problème...

La solitude des familles

La cellule familiale, suivant les codes que nous impose la société, est un élément stabilisateur de l'individu et veut transmettre les valeurs sûres de générations en générations.

Vouloir donner un sens à sa vie par l'intermédiaire de ses enfants est fréquent. Cela est dû au fait que la plupart d'entre nous ont un travail, une fonction intéressante, mais cela ne suffit pas et ne justifie pas que l'on s'y consacre totalement.

On voudrait bien que ses enfants réussissent, qu'ils aillent plus loin que soi-même.

L'arrivée d'un enfant handicapé dans la famille bouleverse, en totalité, les schémas auxquels on croyait ou que l'on s'efforçait de croire.

Peut-on parler de solitude lorsque, dans la famille, apparaît un enfant handicapé ?

Ce sentiment, qui fait que l'on est différent, que l'on dérange, au mieux que l'on gêne, est fréquent.

Comment faire pour ne pas voir le regard de l'autre ou de faire semblant de ne pas le repérer ?

Et si on lit un peu les textes sacrés, quelle que soit la religion, on reste perplexe devant cet état de fait qui veut que l'on ait ce que l'on mérite.

Alors là, il y a de quoi avoir le vertige. Et pourtant, cette idée est ancrée au plus profond des sentiments ancestraux de la destinée.

Avons-nous fait tant de " choses " pas louables, autrefois, dans une vie antérieure, pour que l'on ait ce que l'on mérite.

Il y a matière à réflexion sur le chemin qui reste à parcourir pour que s'intègre totalement la notion du handicap dans la société, et qui voudrait qu'avoir un enfant handicapé puisse arriver à tout le monde.

Destinée ? Hasard ?

Cela ne change pas la situation d'isolement progressive dans laquelle s'enferment les familles, non pas qu'elles soient rejetées, mais qui fait que cette différence existe, et ce qui est différent heurte le normal.

Comme conséquences, on constate des cellules familiales qui se distordent, la fratrie qui en prend un coup, et sur qui on reporte inconsciemment la charge future du frère (ou de la sœur) handicapé quand les parents ne seront plus là.

Même jusqu'au cercle familial élargi, il y a cet isolement fréquemment constaté.

Certes, pour certaines familles, l'arrivée de l'enfant handicapé est au contraire un événement majeur qui renforce les liens mais ce n'est pas, hélas, le cas le plus fréquent.

La finalité de ces propos n'est pas de tomber dans le dramatique mais force est de constater que peu de parents restent inchangés devant cette situation qui modifie le caractère, la sensibilité.

Ce que l'on croyait n'est plus que traces dans la mémoire.

Alors, il est nécessaire et indispensable de créer de la solidarité entre les parents d'enfants handicapés. Où peut-on trouver de la compréhension, de l'écoute, si ce n'est auprès de ceux qui nous ressemblent, et qui, au-delà du niveau social, des idées philosophiques, partagent et rencontrent les mêmes problèmes.

Aux parents de « bouger », de se rapprocher des autres parents en participant plus activement à la vie des associations, et surtout de montrer qu'ils existent car ils existent réellement.

C'est ainsi que nous arriverons à avancer ensemble dans l'intérêt de nos enfants en intégrant à ce grand sentiment, dans l'harmonie, nos autres enfants, ceux qui sont « normaux».

Les résidents dans les établissements spécialisés n'ont pas vocation de remplir ou de vider les caisses. Nous devons avec la direction œuvrer pour leur apporter le maximum de sécurité et de bien-être.

Il est inacceptable pour les parents que les sorties en familles soient responsables d'une pénalisation et d'un affaiblissement dans les structures.

Faut-il intervenir auprès des Conseils Généraux pour dénoncer la perversion de ce système ?

L'isolement des parents existe. Dans la culture des établissements spécialisés, en général, il y a peu de considération pour les parents.

Parents souvent tenus à l'écart.

Absence de participation des parents dans les choix des orientations et des décisions des établissements.

Très peu d'informations, pas de réunion avec les parents.

●

Le fait d'avoir placé son « enfant adulte » ne doit pas conduire comme le voudraient les responsables sanitaires à une mise à l'écart de sa famille, ce qui est malheureusement le cas aujourd'hui, avec toutes les contraintes administratives créées par les Conseils Généraux avec les MDPH.

●

Ce que j'ai fait de mieux dans ma vie, c'est certainement de m'occuper de mon enfant handicapé.

CHAPITRE 2.

Mettre son enfant ou adulte en établissement spécialisé ou ne pas le mettre.

L'annonce du handicap.

Nous recevons peu de messages des parents sur ce sujet. Il est vrai qu'au cours des premiers mois, on a la tête ailleurs. On n'a ni le courage, ni la volonté de consulter Internet ou autre base de données pour se rapprocher de structures rares existantes.

Ce sont les réseaux qui doivent aller à la rencontre des parents.

Il serait nécessaire de créer un réseau de soutien aux parents qui apprenne, à la naissance, que leur enfant est handicapé.

Si vous êtes, vous-même, parent d'enfant handicapé, ce souhait vous replongera dans ce que vous avez vécu.

Plongée pas si difficile à se remémorer, car chacun de nous a vécu des moments très difficiles qui ont fait que la vie bascule par rapport à ce que nous souhaitions dans l'attente de la naissance de notre enfant.

Nous pensions avec des espérances de parents où la normalité était évidente. Des projets plein la tête, des rêves d'avenir pour son enfant...

On apprend, certes, vite, mais quand même...

L'annonce du handicap de son enfant est appréhendée de manière diverse par chacun d'entre nous, mais ce que j'ai pu entendre, montre qu'il n'y a pas de règle. Pour certains, cette déclaration du handicap a été annoncée brutalement dans le sens psychique, car force est de constater qu'apparemment, cette approche du problème « comment le dire » ne fait pas l'objet d'une réflexion au cours d'un cursus médical.

Alors il y a ceux qui ont le sens inné d'une approche sensible vis-à-vis des parents, mais beaucoup délivrent l'annonce quelque peu froidement. Tout le corps médical n'est pas à égalité (ou doué) dans ce domaine.

Et une fois rentré à la maison, avez-vous été approché par un réseau de parents ayant connu ce passage délicat ? Avez-vous eu un soutien psychologique ? Ou êtes-vous resté seul ?

Pourquoi n'existe-t-il pas des réseaux, dans chaque département, qui prendraient contact avec les parents fraîchement confrontés à l'annonce du handicap de leur enfant ?

En ces temps de rigueur, on peut dire sans prendre de risque de se tromper, que la mise en place de ces réseaux ne coûterait pas bien chère à la collectivité par l'intermédiaire des CMPP ou des associations de parents d'enfants handicapés.

●

Notre fils de 24 ans est porteur d'une trisomie 21. L'annonce de ce handicap a été faite par notre pédiatre. Comme à son habitude, il s'est adressé à nous dans le respect de ce que nous sommes : des parents responsables. Il nous a fait part des doutes qu'il a éprouvé en détaillant les anomalies constatées, a précisé les examens complémentaires qu'il demandait, puis a sollicité nos questions. Toutes nos questions, même les plus "absurdes". Avec attention, il y a répondu. Ce jour-là, et d'autres fois également. Il nous a conseillé une prise en charge kinésie. Précoce, des adresses utiles et des ouvrages à lire. Plus tard, lorsque nous avons demandé une prise en charge en orthophonie. Il nous l'a déconseillé, mais a respecté notre choix. Ainsi donc si nous devions résumer cette annonce de naissance avec un handicap, nous le ferions en trois mots ; respect des personnes concernées (parent et enfant), écoute et conseil.

On apprend vite !

L'étendue des problèmes à venir apparaît. On comprend que cela va être très compliqué mais on est loin d'imaginer au début, à l'annonce du handicap, que le parcours va être si difficile, plein d'impasses.

Alors les parents s'inquiètent. Ils aimeraient faire savoir la situation.

Mais qui écouter ?

Qui s'intéresse au handicap mental ?

Il n'y a pas assez de structures adaptées, il n'y a pas assez de places, il n'y a pas assez d'argent pour garantir les conditions de vie de nos jeunes handicapés, il n'y a plus assez de professionnels qualifiés et le passage des 35 heures a conduit à diminuer le temps de travail de 10 % et faute de crédit, on est en passe d'aboutir à une réduction d'effectifs de 10 % par rapport à l'an 2000.

Et il s'agit de vies humaines qui sont en danger. À l'heure où les pouvoirs publics parlent de rentabilité et de productivité, notre seule arme face à cette logique unidimensionnelle c'est de leur montrer nos enfants, notre amour, notre solidarité.

Peut-être que la situation n'est pas aussi noire ! Peut-être est-on mal renseigné ?

Même si je garde espoir et le moral (on est bien obligé), je n'arrive pas à trouver un établissement réellement adapté à mon fils adolescent. L'EMP qu'on lui propose ne paraît pas correspondre à son handicap, les classes CLISS, non plus. Savez-vous s'il existe des structures intermédiaires ?

L'isolement progressif des familles.

Les parents d'un enfant handicapé atteint d'un retard psycho moteur (il ne parle pas, ne marche pas et doit être assisté pour tous les actes de la vie) aimeraient connaître d'autres parents dans le même cas pour pouvoir échanger des conseils.

●

J'ai un enfant âgé de 4 ans présentant une IMC et j'ai besoin d'avoir des contacts avec d'autres parents.

●

Pas de solutions. Que propose la France ? Tout est une histoire d'argent. Le handicap, la maladie coûtent cher. Quel soutien pour les familles ?

Et si « ailleurs » c'était mieux ?

Suite à notre communication téléphonique, pouvez-vous me faire parvenir la liste des organismes aussi bien en France qu'à l'étranger pouvant accueillir un adulte handicapé en Foyer occupationnel ou en Foyer de Vie.

Parents ayant gardé longtemps leur enfant handicapé à la maison.

Le sentiment de culpabilité chez les parents est fort, tenace. On veut protéger son enfant à tout prix. Et c'est bien normal.

On finit par se méfier des conseils des uns et des autres, car au final, les parents sont toujours seuls.

Et puis, il y a ce que l'on entend sur les établissements spécialisés.

Parfois, c'est inquiétant. Rarement, aux premiers abords, rassurant.

Alors, certains parents, s'ils le peuvent, font le choix de garder l'enfant devenu adulte à la maison. C'est toujours cela de bon de gagner pour lui.

Mais oui, c'est toujours cela de pris !

Le temps est là.

Les parents vieillissent.

Qui va s'occuper de la personne handicapée ? Les frères et sœurs s'inquiètent...

Retraité, je suis le frère de D actuellement placé sous la garde attentive et affectueuse au domicile de mon père âgé de 89 ans qui s'inquiète de la garde de D si son grand âge, sa santé ou son décès laissait tout seul son garçon depuis qu'il l'a retiré d'un établissement psychiatrique, il y a près de 30 ans, dans le département de O où il habite.

Personne de la fratrie n'est capable de s'occuper tout seul de D 24 heures sur 24 mais l'un d'entre nous assurerait la tutelle en coordonnant une prise en charge en réseau sur place si possible ou éventuellement en K.

Les premières recherches s'avèrent inopérantes du fait du cumul des handicaps...

Mais même au regard d'un critère principal de handicap (vieillesse, handicap mental, surdité, mutité) aucune solution n'est satisfaisante.

S'il s'agissait de votre enfant comment donc feriez-vous pour que D soit (presque) aussi bien suivi et aimé que du vivant de notre père ?

•

Un papa très âgé ayant son fils à charge. Il craint ne plus pouvoir assumer longtemps ce rôle et recherche un lieu de vie médicalisé où son fils pourrait disposer de sa propre chambre. Existe-t-il un site ou un organisme capable de me donner la liste de tels établissements ? »

Alors, les recherches sont longues et difficiles lorsque la fratrie se lance dans la recherche d'un établissement d'accueil.

Elle découvre et ne comprend pas pourquoi c'est si difficile dans un pays comme la France.

Une famille recherche un établissement pouvant accueillir un adulte handicapé mental de 46 ans dont la maman est décédée le 1er janvier de cette année et qui depuis est à sa charge.

●

*Je suis la sœur de B qui est handicapé moteur 100 %
suite à une maladie : la toxicose qu'il a attrapée alors qu'il
avait un mois.*

*Il a été placé en établissement spécialisé à l'âge de 5 ans
jusqu'à ses 17 ans.*

*Se déplaçant à quatre pattes, c'est Papa et Maman qui lui
ont appris à marcher alors qu'il avait quatre ans. Maman,
ayant remarqué à plusieurs reprises des brûlures (de
cigarette) sur le corps de B et ne supportant plus d'être
séparée de son fils, a récupéré B qu'elle garde chez elle
depuis maintenant plus de 30 ans.*

B a 48 ans.

*Depuis le décès de Papa, survenu il y a quelques mois,
Maman a seule la charge de B, et au fur et à mesure que
les années passent, la santé de Maman va en se
dégradant.*

*Elle a près de 70 ans, et est à présent si fatiguée qu'une
demande de placement auprès de la MDPH a été déposée
par nos soins, il y a deux ans.*

*B est complètement dépendant de quelqu'un que ce soit
pour se laver, s'habiller, manger et boire, se rendre aux
toilettes, se mettre au lit.*

*Ayant eu des problèmes dentaires, il doit s'alimenter de
produits facilement assimilables (purée, viande hachée*

uniquement, jambon, grosses pâtes...). Il porte des couches culottes 24 heures/24. Il marche sur des surfaces plates mais est dans l'incapacité de franchir seul ce qui représente pour lui des obstacles tels une marche, un trou, des escaliers... (Nous le prenons par le bras).

Il effectue les longs déplacements dans un fauteuil roulant poussé par une tierce personne (en l'occurrence Maman ou l'auxiliaire de vie). Il ne parle pas. Le seul mot qu'il sait dire c'est « MAMAN ».

B aime être entouré, apprécie la musique, et qu'on lui fasse la conversation (même s'il est dans l'incapacité de parler). Il n'a pas de troubles du comportement.

B est pacifique et très attachant. Il y a près de deux ans que la santé de maman a commencé à s'en ressentir. Petite déprime, difficulté à la marche (gros problèmes d'arthrose).

Aussi, afin d'entamer un placement de B en MAS., nous avons pris des dispositions auprès des différents MAS de la région (cinq au total), y compris les MAS de St-C... et M... La MAS de H... nous a informés que le profil de B ne correspond pas à leur population.

B est sur les listes d'attente des MAS de C..., C..., P... et G...

Depuis plusieurs mois, la déprime de Maman continue.

Nous sommes désemparés de la voir dans « cet état », elle qui était gaie, une bonne vivante et surtout une battante. Si je parle au passé, c'est qu'il a fallu la placer en urgence dans une maison de repos. La Sécurité sociale a accepté la prise en charge du séjour pour un mois non renouvelable...

À son retour chez elle, une aide à domicile a été mise en place : présence d'une auxiliaire de vie de 11 h 30 à 16 h 30 tous les jours, sauf les jeudis et les week-ends (ces jours-là, c'est nous les enfants qui nous occupons de B et de maman : sorties chez le médecin, courses, promenades...). La pension de Maman, l'AAH et l'allocation compensatrice de B ne leur permettent pas de bénéficier d'une auxiliaire de vie la journée entière et les week-ends. Il est évident qu'un placement de B. devient urgent. Mais voilà, cela demeure du domaine de l'IMPOSSIBLE. En attentant, l'état de santé de Maman se dégrade. Un nouveau séjour en maison de repos est à envisager pour Maman, mais le problème reste la prise en charge de B pendant cette période qui risque de durer un mois.

Nous avons contacté les M.A.S. de P..., G..., C..., lesquelles se disent être dans l'impossibilité, actuellement, d'accueillir B en hébergement temporaire pour un mois (manque d'effectifs, faute de budgets, travaux empêchant l'accueil d'un résident temporaire....).

On a le sentiment frustrant, dans le cas présent, d'une non-assistance à personne en danger. Devons-nous nous résigner à nous contenter d'observer notre Maman *souffrir de dépression d'épuisement et « s'éteindre » tout doucement !....*

Nous sommes désemparés face à une situation qui ne semble pas aller en s'améliorant, bien au contraire, et nos différentes démarches pour un placement permanent de B en MAS semblent inexorablement incertaines, voire vaines. Je sais pertinemment que les demandes sont nombreuses par rapport au nombre de MAS existantes, et qu'il y a des listes d'attente ; mais alors quelle solution s'offre à nous ?

Ce n'est pas faute d'avoir alerté les services de la MDPH, du Conseil Général, les organismes sociaux handicapés, y compris même le Ministère des Affaires Sociales et des Handicapés...

A croire que seuls les « biens portants » ont leur place dans ce système !

●

En faisant une recherche sur internet, et au regard de ma situation familiale que je vous expose brièvement ; deux frères adultes handicapés de plus de 50 ans que je souhaiterais placer dans une famille, un lieu de vie et de trouver la personne ou structure qui saurait s'en occuper car à ce jour il nous reste notre Maman qui est très âgée et qui très prochainement doit subir une opération !

Ce qui est lourd comme charge c'est que je gère ma famille depuis le décès de mon père il y a deux ans et ma vie personnelle n'existe quasiment plus car presque tout mon temps libre, je le consacre pour eux !

CHAPITRE 3

Orientation. Manque de places.

Manque considérable de places dans les établissements spécialisés.

Les gouvernements successifs n'y arrivent plus.

Pas un n'est meilleur que l'autre, pas un n'est plus mauvais que l'autre !

Le retard est tel que tout le monde est dépassé.

Commissions, rapports, amendements, réorganisation des MDPH, tout cela est fait pour donner l'impression d'une action, de vouloir s'en sortir.

Les résultats sont faibles.

A quand un plan pluriannuel précis de créations d'établissements ?

A quand un engagement formel des crédits nécessaires ?

Sans ce plan, pas de solutions réelles ?

Comme cela va coûter cher, très cher, il y aura toujours quelqu'un pour nous expliquer que le handicap est une priorité mais qu'il y a d'autres priorités....!!!

Alors les parents ont du souci à se faire pour leurs enfants et adultes handicapés.

Les parents qui vivent les situations les plus difficiles, sans places d'accueil, sont loin, dans leur réflexion, de se demander si tel ou tel texte remet en cause la liberté de choix de vie des personnes handicapées.

Pour la bonne raison, c'est que pour pouvoir se poser ce genre de question, encore faut-il qu'il y ait des places et une réelle possibilité de choix.

Autour de nous, pratiquement personne n'a eu la possibilité de choisir.

Difficile de refuser une place qui se libère car rarement seront proposées deux possibilités.

Sans parler du vieillissement des personnes handicapées.

Que vont-elles devenir après 60 ans ?

Il n'y a pratiquement pas d'établissements.

Le problème du manque de places d'accueil dans les établissements spécialisés est un problème politique.

La classe politique, toutes opinions confondues, ne veut pas l'admettre.

Pendant ce temps, les personnes handicapées et leurs familles attendent.

Elles ont l'habitude.

Mais encore pendant combien de temps ?

Pour une revalorisation des établissements spécialisés pour les enfants et adolescents handicapés.

Ces établissements ne doivent plus être considérés comme le dernier recours, lorsqu'on ne « sait plus quoi faire de son enfant ».

Cette image doit être modifiée car elle est injuste pour les enfants et adolescents qui fréquentent ces établissements, mais aussi vis-à-vis des personnels qui ne seraient là qu'en dernier recours.

Lorsque la possibilité d'une scolarité ordinaire s'évanouit, combien d'enfants et de familles contraints et forcés vont vers les IME, EMP.... Le moral au plus bas.

Et pourtant, beaucoup d'enfants et adultes progressent réellement dans ces structures.

La réflexion sur une pédagogie (n'ayons pas peur du mot) adaptée doit être entreprise sur une grande ampleur.

Il peut se passer autre chose que du simple « nursing ».

Il se passe déjà autre chose par rapport à ce qui se passait il y a dix ou quinze ans.

Mais ce n'est pas suffisant pour casser l'image dévalorisante qui est donnée à ces établissements.

Les petites structures doivent être privilégiées. Plus elles sont petites plus elles fonctionnent mieux car moins de hiérarchie formelle et fatigante.

Bien sûr, les parents ne se tournent pas vers ces établissements volontairement mais contraints. Ce qu'ils ont entendu ne les rassure pas toujours.

C'est à ce niveau que l'État doit agir.

Revaloriser lui-même ces établissements et non pas se décharger systématiquement sur les associations où la rivalité est très forte car elles deviennent de véritables « forteresses financières ».

Et après tout, on pourrait écouter aussi les parents « de base », ceux qui ne parlent que très rarement et non pas toujours ceux ayant des fonctions officielles dans les associations, même dans celles qui se disent associations de parents.

C'est de la base que progresseront les établissements spécialisés pour enfants et adolescents handicapés. C'est dans la mise en évidence de la conjugaison des savoirs des parents et des professionnels que l'image de ces établissements sera revalorisée.

Et ce ne serait que justice et rassurerait les parents.

À la recherche d'un établissement pour enfants et adolescents.

Orientation. Quel est le parent qui ne craint pas ce mot ? Et pourquoi ?

Nos enfants ont souvent des troubles du comportement. Notre crainte, c'est d'entendre dire que le comportement de notre enfant ne correspond pas, ou plus, aux critères d'admission de l'établissement souhaité.

Ce qui est certain, c'est que très souvent, les parents vivent cet événement dans la crainte et comme un recul de la prise en charge.

Les places d'accueil se font encore rares. Les établissements ont le choix parmi tous les dossiers en attente.

Existe-t-il une hiérarchie dans le domaine du handicap mental ? Le résident qui ne pose pas de problèmes de comportement, passe-t-il en premier ?

Certains établissements, n'ont-ils pas, de ce fait, tendance à modifier les objectifs premiers de leurs critères d'admissions concernant les personnes handicapées présentant des troubles importants du comportement pour ne « prendre » que celles qui posent le moins de problèmes dans ce domaine.

Son enfant a trois ans. Que faire ? Que peut-on faire ?

École, pas école ?

Si l'école ne semble pas envisageable, que faire ?

Ma cousine est très énergique et se bat. Elle a déjà fait beaucoup de démarches pour l'intégration de la petite dans une école spécialisée de M. La petite est en liste d'attente pour ses 6 ans. Hier, après vous avoir adressé mon message, elle a appris que la commission de la MDPH, accordait finalement 3 jours d'école par semaine à la petite alors que la directrice voulait l'exclure.

Il aura fallu une pétition des parents d'élèves, qui se sont mobilisés face à l'injustice dont était victime la petite, accompagnée de nombreuses autres personnes et personnalités de la ville, pour que des démarches soient faites dans le bon sens. La petite bénéficie d'un accompagnant et ma sœur souhaite qu'elle intègre l'école tous les jours parce que la petite le réclame, chaque matin, en prenant son cartable et en attendant devant la porte. Ma cousine va donc de nouveau contester la dernière décision de la MDPH. Il manque le jeudi matin.

Pourquoi ? Elle ne le sait pas. Le jeudi après-midi, la petite est à l'hôpital pour des séances de motricité. Mais pas le matin.

Mais ma cousine est confrontée à la méconnaissance de l'autisme dans les milieux hospitaliers et le rejet de l'équipe enseignante dans son école. Elle se bat actuellement pour maintenir sa petite fille à l'école en attendant qu'elle soit acceptée dans une école pour enfants différents. C'est pourtant une petite fille qui ne manifeste aucun geste violent et qui se sent bien à l'école.

Ma cousine est seule et cherche des contacts sur sa région : une association pour l'aider ou encore des médecins spécialisés ayant une connaissance des enfants autistes et capables d'identifier la forme d'autisme dont souffre la petite afin de mieux l'aider à grandir.

On apprend vite la réalité du terrain. Tout cela, nous l'ignorions. On se doutait bien qu'avoir un enfant handicapé, c'est difficile, cela engendre beaucoup de soucis, beaucoup d'angoisses. Et quand on découvre qu'il n'y a pas de places pour accueillir les enfants handicapés dans des établissements spécialisés, un sentiment d'injustice mêlé à des idées de révolte vous vient à l'esprit.

On finit par avoir une place plus ou moins rapidement, quelques mois d'attente pour les uns, des années pour les autres. Tout dépend du handicap. Si les troubles du comportement s'y mêlent, la recherche sera d'autant plus difficile. Pour une place disponible, plusieurs candidatures possibles.

Les « fameuses listes d'attente ». Un établissement doit être créé, la première pierre n'est même pas posée que la liste d'attente est déjà longue.

Devoir attendre pour une place est incompréhensible pour les parents.

Injuste.

Quand une famille choisit de mettre son enfant dans un établissement spécialisé, c'est qu'elle a fait « le deuil » d'une scolarité normale.

Dans son esprit, elle tourne le dos à la normalité.

Elle entre avec son enfant handicapé dans la différence dans tout ce qui compose les éléments de notre société.

Avoir un enfant handicapé n'est pas une mince affaire !

Que faire de son enfant ?

Où ? Comment ? Qui voir ?

Inquiétudes, on commence à se renseigner.

Le premier réflexe est Internet. Parfois redoutable.

Il y a encore les conseils des uns et des autres, de l'entourage qui vous répète ce qu'il sait. Mais il ne sait pas très bien.

Et puis, il y a aussi, un peu énervant à la longue, la « personne qui connaît la personne » qui a un enfant handicapé, et qui a fait ceci, cela…

Le manque de places d'accueil fait douter. On imagine des « tas de choses ».

Les passe-droits, les injustices, le sentiment d'être incompris.

En recherche d'un établissement spécialisé pour accueillir mon enfant handicapé, j'ai toujours l'impression que le « dossier parent » est tout aussi important que le dossier « enfant handicapé ».

Est-ce le manque de places qui incite cela ? Mais ce n'est certainement qu'une impression de ma part.

•

Bonjour, avez-vous une adresse d'établissement spécialisé pour enfant en Haute Garonne ?

•

Est de la France.
Enfant 51/2 ans cherche place en IME

•

Notre fils manifeste une grande difficulté à accepter certaines règles et a toujours eu de grandes attentes vis-à-vis des autres. Cela conduit à des tensions périodiques.

Cette attitude s'accompagne d'une incapacité à intégrer, voire à accepter les contraintes des autres. Par ailleurs, il est vite apparu des difficultés pour suivre une scolarité "normale".

En revanche, il a toujours manifesté une certaine facilité pour acquérir et utiliser un vocabulaire adapté aux situations mais il a toujours de grandes difficultés à se situer dans le temps, ce qui explique probablement son impatience.

Les stages effectués, soit en milieu professionnel (artisan fabriquant des jeux en bois ou institution ou crêperie pour la vaisselle), soit en IME n'ont pas été concluants, à la fois par manque d'efficacité du travail accompli et par une incapacité de notre fils à accepter certaines règles d'organisation ou la proximité avec des personnes beaucoup plus âgées ou handicapées que lui.

Nous sommes donc en recherche de formules qui permettraient à la fois de permettre à notre fils de développer des compétences (notamment professionnelles, même légères) susceptibles de donner un peu plus de sens à son existence et de faciliter sa socialisation.

Nous sommes disposés à accepter un éloignement géographique important si cela répond aux besoins exprimés précédemment.

On finit par accepter les concessions. Un peu obligé. Pourtant, c'est plus fort que soi, on essaye sans arrêt, de les estomper. Souvent, sans grande réussite.

J'ai un enfant traumatisé crânien suivi dans la grande banlieue. Je lui cherche un IME proche, car mon fils âgé de moins de 10 ans arrive le soir très fatigué. Le lendemain, il se réveille à 6 h 45 pour se préparer et prendre le transport et ça dure depuis deux sans réussir à lui trouver un établissement proche de Paris. Je sais que c'est difficile de lui trouver une place mais peut-être pourriez-vous m'orienter. Mon fils est polyhandicapé (psychomoteur). Il présente un retard mental moyen.

Et quand l'école s'arrête. On se retrouve au point de départ car il n'existe pas de passerelle. Il faut entreprendre des recherches. Avec en plus, une forte déception sur cette page d'une scolarité ordinaire qui prend fin.

Pourriez-vous m'indiquer auprès de quelles institutions je peux me retourner si je n'ai aucune place en

IME pour mon fils qui aura 8 ans en janvier et pour lequel il n'y a aucune place en IME depuis 1 an et demi. Les IME de P, de R, de G sont notifiés par la MDPH mais à chaque fois c'est le même refus car il n'y a pas de place. En attendant mon fils est en 3ᵉ année de grande section de maternelle et l'année prochaine je ne sais pas où il ira...

On essaye de se justifier, de se donner raison. Et pourtant, on n'en a pas besoin.

Mon enfant à l'école normal. Je n'y ai jamais cru, et mon épouse aussi, malgré ce que nous disait la psychologue du CMPP que nous rencontrions 2 fois par semaine. Dire cela, c'est aller à l'encontre du désir des parents, de vouloir à tout prix que l'école « normal » accueille les enfants handicapés. Bien sûr, je ne dis pas qu'aucun enfant handicapé ne doit intégrer l'école « normal ». Très rapidement, nous avions compris que le passage en maternelle n'était pas possible pour notre fils polyhandicapé. Il ne fallait pas se faire des illusions sur cela.

Et dire cela quand on est enseignant, ce n'est pas évident. Tout dépend du handicap ou des handicaps. Chaque situation ne peut pas être généralisée. Ce qui est certain, c'est que j'aurais essayé l'intégration en milieu scolaire pour mon fils s'il y avait eu la moindre lueur de possibilité.

L'accueil à l'école primaire devient difficile lorsque l'écart d'âge entre l'enfant handicapé et les autres enfants accueillis dans sa classe devient trop important.

On s'oriente, un peu forcé, en tout cas avec beaucoup d'amertume vers la recherche d'un établissement spécialisé pour enfants et adolescents.

Et là, évidemment, les premières fois lorsque l'on visite ces établissements, le choc est fort, les larmes ne sont pas loin. La réalité du handicap est douloureuse.

Il faut être patient, très patient. Et surtout ne pas se décourager. Continuer les recherches.

Nous avons réussi à trouver une place pour notre jeune après une attente de deux ans.......

•

Notre fils doit quitter la CLISS ayant atteint l'âge de 12 ans. Nous sommes donc en pleine réflexion sur son orientation. Il a un déficit mental dit léger. On nous a conseillé une orientation IME pour enfant déficient léger à moyen. Mais dans notre secteur, et au-delà, nous nous confrontons à un gros problème. Les IME ne font pas de différences dans la différence...

Notre fils n'a aucun problème de comportement, n'a pas de handicap physique et a envie de se surpasser.

Or nous ne retrouvons pas son profil dans ces IME où la quasi-totalité des enfants ont une déficience sévère ou profonde. Nous avons donc parlé de nos inquiétudes à l'équipe éducative qui nous a confirmé nos craintes sans avoir de réelles solutions. Nous devons nous-mêmes trouver un établissement qui correspond à ses besoins. L'équipe éducative nous a évoqué la possibilité d'un établissement en Belgique. Nous avons donc cherché sur internet et nous sommes tombés sur votre site.

Parfois, alors que la famille pensait avoir trouvé une solution d'accueil, tout s'écroule. Il faut recommencer. Reprendre les recherches.

Un enfant de 9 ans qui a un retard mental dû à des convulsions est en EMP. À la fin de l'année scolaire, le centre ne veut plus le garder. Ils doivent trouver un nouvel établissement d'accueil qui fait internat. Les parents ne savent plus à qui s'adresser. La MDPH veut « envoyer » l'enfant dans une autre région. Les parents trouvent que cela fait loin car ils ne pourront pas le récupérer toutes les semaines.

•

Je suis la maman d'un enfant autiste habitant au V et qui est suivi dans un hôpital de jour sur R. Il a besoin d'être orienté rapidement car sa prise en charge est limitée dans cet hôpital.

Nous sommes en train de chercher un IME ou une structure en internat mais en Belgique puisqu'en France il n'y a pas de structures adaptées après un refus d'une structure à G.

Nous sommes désespérés. Nous recherchons surtout une structure qui pourra répondre à des problèmes que peuvent rencontrer des adolescents et pour qui l'encadrement n'est pas un problème.

•

Je cherche un établissement spécialisé pour la prise en charge de ma fille âgée de 14 ans qui fait des crises d'épilepsie sévères. L'établissement qui l'accueille, en ce moment, n'est pas formé pour cette prise en charge. Ce que je sais, c'est que ces établissements sont rares.

•

Je cherche une place en internat pour mon fils qui est en externat.

Les raisons pour lesquelles l'enfant doit changer d'établissement spécialisé ne sont pas toujours très claires et précises.

Les explications données, sont-elles suffisantes ?

L'établissement qui ne souhaite plus accueillir l'enfant, accompagne-t-il la famille dans cette nouvelle épreuve ?

Je suis une maman d'une enfant handicapée. Elle a un handicap moteur et elle est suivie en IME qui m'a dit que si ma fille n'avait pas de place à la rentrée prochaine, elle serait à la maison.
A-t-on le droit de faire cela, de laisser une enfant sans établissement ?

●

Je suis le papa d'une petite fille de 11 ans, handicapée mentale. Depuis septembre, elle n'a aucune structure pour l'accueillir. Selon la MDPH, elle ne relève plus d'un IME mais du secteur sanitaire. Hors il n'y a aucune place dans les hôpitaux de jours de la région parisienne.
Toutes les portes se ferment. Nous avons écrit au Ministère de la Santé, au Premier ministre.
Et à ce jour, rien n'avance d'un pouce. Que pouvez-vous nous conseiller ?

●

J'habite Bordeaux et suis la maman d'un enfant hyperactif de 12 ans avec de gros troubles du comportement. Il est en hôpital de jour à mi-temps qui accueille les enfants jusqu'à 12 ans et devait être accueilli dans un autre hôpital pour adolescents. Je viens d'apprendre qu'ils ont changé d'avis et qu'ils ne le prennent pas.

Que puis-je faire ? Je travaille et je le garde déjà à mi-temps à la maison. Il est déscolarisé et a le niveau CE2.

Je viens de lire que je pouvais faire un référé liberté. Est-ce possible dans ce cas ?

A la recherche d'un établissement pour adulte.

L'âge suit son cours comme ailleurs. C'est une réalité du monde du handicap.

Pour le parent, son enfant handicapé restera enfant même devenu adulte.

Les progrès nous paraissent tellement faibles, même s'ils existent.

À 18 ou 20 ans, il faut « redémarrer » les recherches car, passé ce cap, l'enfant handicapé n'est plus un enfant. Il est un adulte.

Et donc, à juste titre, il doit changer d'établissement.

Mais voilà, là aussi, dans le monde du handicap des adultes il manque aussi beaucoup de places d'accueil. Et la bagarre pour trouver une place à son « enfant adulte » est redoutable.

Avec l'âge, les parents ressentent de la fatigue et du découragement.

Les sentiments d'injustice existent toujours.

Les sentiments de révolte n'ont pas disparu mais la lassitude est envahissante.

On a l'impression que rien ne change.

Je suis à la recherche d'une MAS pour mon enfant âgé de 20 ans. Je n'arrive pas à trouver une MAS. J'ai envoyé une centaine de demandes. J'aimerais avoir de l'aide pour enfin trouver une MAS.

•

Je vous ai déjà contacté. Ma fille va avoir 20 ans, difficile de lui trouver une structure. Pouvez-vous me donner des conseils ?

Toutes les régions de France sont dans la même situation.

Connaissez-vous d'autres parents en Corse qui éprouvent des difficultés pour trouver un établissement spécialisé pour adultes ? Il en existe très peu !

•

Je suis en attente d'une place d'accueil pour mon enfant. Pas de foyers en Martinique.

Qui dit orientation dit possibilité de choix.

Au moins deux, histoire de justifier le sens de ce mot.

A moins qu'orientation veuille dire « placement ».

Vous n'avez pas le choix. Une place se libère. Pas le temps de la réflexion.

Vous devez vous décider en quelques minutes.

Éviter de dire : « je vous donnerai une réponse dans quelques jours » car si vous dites cela, la place aura été prise.

Je suis maman d'un jeune homme qui va avoir bientôt 18 ans. Il est polyhandicapé et à subit deux interventions chirurgicales. Actuellement il est hospitalisé à W. Le centre de rééducation ne veut plus le prendre car il est trop lourd médicalement. Il lui faudrait un centre très médicalisé, un Foyer de vie dans ma région. Pour l'instant, rien ne m'a été proposé, si ce n'est encore le trimballer d'hôpitaux en hôpitaux.

Cela SUFFIT. J'espère que vous pourrez m'aider en me procurant des adresses.

IL Y A URGENCE.

•

Mon enfant, âgé de 17 ans voit sa prise en charge arrêtée en IMPro en région parisienne.

•

Nous avons un membre de notre famille qui est handicapé lourdement. Aujourd'hui nous nous heurtons à un double problème, le premier est que nous ne trouvons pas de place en MAS, pour handicapés physiques uniquement. Et le deuxième est que, au moment où nous trouvons un établissement, il y a une liste d'attente telle que cela fait peur pour l'avenir.

Nous sommes prêts et conscients que nous devrons accepter un placement en MAS dans la région où il y aura de la disponibilité.

•

Je viens de téléphoner à la MDPH et j'ai demandé s'ils peuvent ajouter à la notification d'orientation : « FAM ».

Actuellement dans la notification, j'ai « Foyer de vie » et les 90 jours d'accueil temporaire.

L'assistance sociale de la MDPH me dit que ce n'est pas

possible. C'est, soit le Foyer de vie et les 90 jours d'accueil temporaire par an ou soit le FAM, mais pas les deux. Sachant qu'il y a actuellement beaucoup d'accueils temporaires en FAM, c'est un peu n'importe quoi. J'ai pris contact avec une structure à K qui apparemment est bien structurée avec la méthode P et un éducateur pour trois adultes. Cette structure prend les adultes en semi-internat mais c'est un FAM...

Et sachant aussi que ma fille est inscrite sur des listes d'attente en Foyer, j'aimerais pouvoir l'inscrire sur les listes d'attente FAM.

Listes d'attente. Voilà ce que vous entendez à longueur de recherche. Et on vous « balance » cela à tout moment vous dissuadant même d'inscrire votre enfant ou adulte handicapé sur ces « fameuses » listes d'attente.

« Cela ne sert à rien de l'inscrire, la liste d'attente est déjà longue ». Alors on insiste. On insiste encore.

On a vraiment l'impression que l'on gêne, que l'on quémande.

On se sent tout petit, peu important devant celles et ceux qui choisissent, qui sélectionnent. On se demande sur quels critères ? Alors on se dit que c'est bien dommage de ne connaître personne d'important qui pourrait intercéder en notre faveur.

Mais non, c'est une pensée sombre.

On ne peut imaginer que le piston joue aussi dans le monde du handicap !

Mon enfant âgée de 28 ans, est un IMC avec une orientation MAS. J'ai déménagé, en perdant tout, pour une place en MAS, avec promesse d'internat. Cela fait 7 ans que j'attends dans ce département, et toujours pas de place. A moins que ce soient « les plus importants » qui arrivent à placer leur enfant.

Nous sommes toutes les deux seules. Moi-même, je suis reconnue, depuis des décennies, handicapée. Comment je dois faire pour que ma fille puisse avoir une place ?

AFIN QUE JE PUISSE AU MOINS RETRAVAILLER.

J'ai écrit à Monsieur le Président de la République. Son Chef de cabinet m'apprend que mon courrier est transmis au Préfet de T.

Ce dernier (son cabinet) me confirme ce que le Directeur de la MAS me dit toujours :

"VOIR DANS D'AUTRES DÉPARTEMENTS."

Je suis prête à aller n'importe où, du moment que ma fille trouve une place. »

Il arrive fréquemment qu'un des deux parents soit obligé de s'arrêter de travailler quand l'enfant ou l'adulte handicapé n'a pas de structure d'accueil. Il reste donc à la maison. Certes il existe des aides financières plus accentuées pour ces situations. C'est évidemment la maman qui « se sacrifie » le plus souvent, plongeant ainsi progressivement dans l'isolement que procure l'absence de contacts, de relations avec les autres.

Je suis maman d'un jeune homme de 19 ans polyhandicapé et placé en structure depuis la naissance. Je souhaiterais pouvoir m'entretenir avec une personne de votre association, pour aborder certains sujets, comme l'orientation. La situation comme pour beaucoup de familles est grave et je me sens totalement isolée. J'ai peur pour mon "petit".

Pas un département n'est mieux loti en places d'accueil.
Pas un département ne souffre de manque de places quel que soit le type de structure. Les listes d'attente sont présentes partout.
Certaines familles, lassées, épuisées d'attendre se tournent vers la Belgique.
C'est un autre problème, un autre chapitre.

Je ne sais pas si votre association est présente dans le sud de la France et mais je m'adresse à vous car il me semble que vous vous intéressez à la question de l'attente pour le placement en MAS de leur enfant adulte handicapé par beaucoup de parents qui, comme moi, ne se satisfont pas des « mesurettes » d'aide au maintien à domicile et maintiennent leur demande d'une prise en charge en structure spécialisée proche de leur domicile.

Ma fille souffre d'un handicap psychomoteur majeur (90 %). La question de son placement ne s'est pas posée jusqu'à ses douze ans car nous vivions à l'étranger. Je suis rentrée en France avec mes deux enfants. C'est à partir de là que des dossiers ont été déposés, d'abord pour des établissements pour enfants et, à partir de 2001, pour adultes.

Ma fille est donc sur liste d'attente dans tous les établissements du département, où nous habitons, adaptés à son cas depuis 6 ans si on ne compte pas les 6 années précédentes.

Est-ce normal ? Combien sommes-nous dans ce cas dans le département ?

Merci de me répondre. Je ne peux pas pour avoir des interlocuteurs adhérer à toutes les associations.

Le découragement n'est pas loin. À juste titre.

En ce qui concerne le Foyer de B, nous avons hélas une liste d'attente d'une 50 de personnes dont 2 prioritaires. Sachant qu'il se libère 3 à 4 places par an...

Nous sommes à la recherche d'un établissement en internat qui pourrait accueillir notre fils qui est né le... et qui est autiste. Je vous enverrai un dossier complet expliquant les démarches entreprises et l'impasse dans laquelle nous sommes.

Le temps d'attente devient long.

J'ai la notification MDPH depuis 2012. Pas de foyer en Martinique, pas de place en France pour ma fille et je suis moi-même mère handicapée à 80 %.

•

Je suis à la recherche d'un ESAT en Belgique pour mon fils âge de 21 ans, un établissement qui soit en législation avec la France. Il est autiste léger car ici en France nous sommes dans un délai de trois ans pour avoir une prise en charge en ESAT.

•

Je suis une mère d'un enfant handicapé mental qui a 21 ans. J'ai posé un dossier à la MDPH, il y a quelques mois. J'attends encore pour qu'il soit reconnu comme travailleur handicapé.

Je voudrais bien le placer dans un Foyer de vie mais je ne sais pas comment faire les démarches. Je suis vraiment fatiguée de son comportement.

●

Mon fils est actuellement pris en charge par la section occupationnelle d'E et revient à mon domicile tous les soirs. Il est là aussi le week-end et pendant la fermeture de l'établissement pendant les vacances.

J'ai téléphoné à tous les Foyers autour de chez moi, et un peu plus loin aussi. Tout est saturé. Il y a des listes d'attente interminables et il faut qu'il y ait un décès ou un déménagement pour qu'une place se libère.

C'est une catastrophe de devoir patienter. Personne ne se soucie des difficultés que peut entraîner cette attente. Il faudrait penser à tous ces jeunes et à leurs parents qui se sentent abandonnés.

Que faut-il faire pour que tous ces jeunes aient le droit de vivre dans cette société qui les ignore puisqu'ils sont impuissants à revendiquer des solutions à leurs problématiques ?

Les séjours d'accueil temporaires sont difficiles à obtenir. Je suis seule et je dois faire face à toutes ces responsabilités.

L'inquiétude, jusqu'au bout !

Je me suis rendue hier avec ma fille et Madame GB assistante sociale au CMP, à la MAS de J pour un entretien de pré admission.

L'entretien s'est bien passé, ma fille a été calme, souriante. J'ai l'impression qu'elle est partante pour cette structure.

Il y a des activités qui l'attirent : balnéothérapie, équithérapie, de nombreuses salles d'activités (travaux manuels, gymnastique, relaxation etc.)

Le cadre est apaisant, il y a un parc arboré autour de la MAS. Il y a beaucoup de personnel.

Je ne sais si ma fille sera acceptée, mais il ne semble pas y avoir d'a priori défavorable de la part des personnes qui nous ont accueillies. Une commission doit se réunir et doit statuer sur une décision d'admission ou non.

Ensuite, si elle est admise, il y aura une période d'essai. La structure demande un engagement écrit de reprendre ma fille en cas de problèmes insolubles. J'espère que l'institution saura anticiper afin de ne pas reproduire la situation traumatisante vécue dans son précédent établissement.

Je vous tiens au courant de l'évolution de la situation. Je ne sais si je dois commencer à remplir un autre dossier au cas où cela ne donnerait rien. Merci de me conseiller.

La prise en charge peut être partielle.

Mon fils est accueilli deux jours par semaine dans un Foyer en externat. Le transport est pris en charge. J'aimerais qu'il y aille toute la semaine, toujours en externat. On me dit que pour l'instant, il n'y a pas de place. Si une place se libère, le transport Foyer domicile sera-t-il pris en compte ?

La plupart des places d'accueil dans les établissements pour adultes sont en internat. Il existe bien quelques places en externat, mais très peu. Pour les familles qui souhaitent faire ce choix, les recherches sont encore plus difficiles car s'ajoute le problème du transport quotidien, établissement domicile. Certes, compris depuis peu dans le « prix de journée », il est important d'habiter tout près de l'établissement.

Je ne souhaite pas que ma fille soit orientée en Internat d'adultes. Je désire qu'elle soit en externat dans une MAS. Je ne sais pas si cela sera possible car le transport maison MAS n'est pas assuré. Il y a là une possibilité d'orientation qui est bloquée. Qui dit orientation dit avoir la possibilité de choisir. Dans mon cas, ce n'est pas vrai.

●

Nous avions réussi à trouver une place en Foyer occupationnel pour notre fils en externat car nous ne souhaitons pas qu'il soit en internat. Seulement, voilà, je transporte est à la charge de l'usager. On nous réclame 200 euros par jour. Pour l'instant notre fils est obligé de rester à la maison sans prise en charge en attendant de trouver une solution moins onéreuse. Nous sommes ulcérés.

La déception est énorme si, après une longue attente sur les listes d'attente, la période d'essai n'est pas concluante.

Je suis tombé sur votre site très intéressant car je recherchais des informations après une réunion que nous avons eue avec l'équipe pluridisciplinaire d'un Foyer d'Accueil Médicalisé où mon fils de 20 ans est actuellement pris en charge. Mon fils est handicapé mental avec des traits autistiques et une autonomie réduite. Il a eu une période de prise en charge par un IMPRO jusqu'à ses 20 ans. Ensuite, il a obtenu une orientation dans un Foyer de vie (et refusé la MAS) par la MDPH de la Z où nous vivons. Nous avons trouvé un FAM qui l'a accepté avec une période d'essai de 3 mois.

Après 2 mois, nous avons été convoqués à une réunion avec l'équipe pluridisciplinaire, où à notre grande surprise, nous avons appris qu'il ne serait sans doute pas gardé par la structure.

Ma femme et moi avons été bouleversés par cette nouvelle, ne sachant que faire après une telle annonce.

Un tel refus après une pré admission est-il possible ?

Quels peuvent être les critères de sélection ou de non-accueil ?

Sont-ils laissés à l'appréciation de l'équipe pédagogique ? Celle-ci peut-elle décider de l'admission ou non d'un usager ?

Quels sont les recours possibles ?

De plus, comme vous le savez, les places sont rares dans notre département et nous n'avons pas pu obtenir de la MDPH une double orientation. Nous sommes un peu désemparés.

En cas d'urgence. Que faire ? Certes, il existe quelques places réservées pour de l'accueil temporaire qui permettent aux familles en attente d'une structure d'accueil de souffler un peu.

Des événements imprévisibles peuvent survenir et diminuer brusquement les soutiens de l'environnement dont bénéficient nos enfants et adultes handicapés (maladie, hospitalisation, décès des parents ou de la famille d'accueil). Les places d'accueil d'urgence dans les établissements existants semblent être peu nombreuses et souvent inadaptées à la diversité des situations handicapantes concernées. Mes questions sont : Quelles sont les situations qui sont prioritaires pour être accueillies dans l'urgence ? Combien et quelles sont les spécificités des accueils d'urgence existants ? Comment doit-on procéder pour faire la demande d'un accueil en urgence ?

L'Amendement CRETON.

L'amendement CRETON est un dispositif législatif permettant le maintien temporaire de jeunes adultes de plus de 20 ans en établissements d'éducation spécialisée dans l'attente d'une place dans un établissement pour adultes.

La CDAPH se prononce sur l'orientation de ces jeunes vers un type d'établissement pour adultes tout en les maintenant, par manque de places disponibles, dans l'établissement d'éducation spéciale dans lequel ils étaient accueillis avant l'âge de 20 ans.

Mon fils est en internat. Il a 23 ans et est en amendement CRETON. Pas de place dans les établissements pour adultes. Que va-t-il devenir ?

●

Je suis maman d'une jeune fille de 18 ans. Je milite auprès de l'association gestionnaire. Toutefois, j'ai bien l'impression que les droits des familles ne sont pas toujours respectés. Aujourd'hui, je fais face à une situation d'urgence pour une famille. Cette famille refuse une place dans l'établissement d'une autre association. L'association gestionnaire répond à la famille en question qu'elle n'a pas le choix : soit elle accepte, soit leur fille n'aura plus de place à l'IME. Je voudrais savoir si l'Amendement Creton a une limite d'âge ou pas.

Certains établissements occulteraient l'application de l'amendement CRETON ne laissant pas de choix aux parents.

Sans l'application de l'amendement CRETON, que deviennent les jeunes qui sont à la limite d'âge de l'orientation vers un établissement spécialisé pour adultes ?

Retour à la maison ?

Est-ce une obligation pour tous d'appliquer les lois de la République ?

Si oui, pourquoi certains établissements contournent l'amendement CRETON ?

Les parents, sont-ils responsables du manque de places ?

Ma fille est sans établissement depuis septembre 2012 et ce sans respect de l'application de l'amendement CRETON. Elle en est sortie à 18 ans et depuis est complètement isolée.

Côté établissements, que des refus.

Côté Belgique, les établissements contactés ne sont pas adaptés pour les troubles du développement envahissants qui sont prédominants dans sa pathologie. Son isolement, son manque d'activité et de contacts font qu'elle devient agressive, ce qui n'arrange rien.

Elle ne veut plus marcher, ne veut plus sortir, se promener à pied.

Côté MDPH, le grand silence !

Côté Conseil Général : l'omerta !

Nous sommes face à l'incompétence, le manque d'envie de prendre en charge un cas réputé "difficile", car notre fille est un "cas" pas un être humain atteint d'une maladie génétique !

Nous comprenons parfaitement que des parents désespérés mettent fin soit à leurs jours, soit à ceux de leur enfant. Le manque de perspective et la lucidité sur le temps qui passe, pour nous parents vieillissants, peuvent nous conduire à des gestes "irréparables" et nous y avons déjà pensé.

Comment ne pas l'évoquer ne sachant pas comment notre enfant sera pris en charge lorsque nous ne serons plus là alors que déjà personne n'en veut ?

•

Mon fils est déjà en amendement CRETON. Nous faisons, actuellement, la démarche pour son renouvellement car il a encore des progrès à faire en relations sociales, autonomie, expression...

Lors de son projet que nous avons signé, il ressort une phrase disant que "la famille et l'IME se sont entendus pour mettre à profit cette année de renouvellement pour préparer la sortie dans le cadre des relais à construire avec un dispositif adapté à ses besoins".

Dans la réunion, il n'a pas été question de cette échéance, et les personnes présentes le confirment.

Lors de la signature, ce paragraphe nous a échappé.

A priori, il ressort que l'IME a pour consigne de réduire « les amendements CRETON ».

Tant qu'il n'y a pas de place en ESAT/Foyer, nous souhaitons qu'il puisse continuer ses apprentissages.

●

Mon fils a 25 ans Il est toujours en amendement CRETON, faute de places d'accueil chez les adultes. L'ARS menace de ne plus payer à la rentrée prochaine. L'établissement où se trouve L dit qu'il n'est pas à l'origine de cela. Qu'en pensez-vous ?

Il faut faire attention de ne pas céder à la tentation de croire que toutes les difficultés que rencontrent les jeunes parents à « trouver » une place pour leur enfant handicapé dans un établissement spécialisé viennent de l'application de l'amendement CRETON.

Adopté en janvier 1989, l'efficacité de l'amendement CRETON a été depuis longtemps absorbée par le déficit constant de places d'accueil.

L'amendement ne fait que reculer le problème des parents de jeunes enfants handicapés en âge d'être orientés mais ces années supplémentaires peuvent être utiles dans une recherche d'établissement pour adultes.

Il nous paraît douloureux et inacceptable de faire un choix sur ce qui est le mieux

(ou le moins bien) : qu'un jeune enfant handicapé entre avec retard dans une structure spécialisée, du fait de places occupées par des « amendements CRETON » ou qu'un jeune ayant « atteint la limite d'âge » de 20 ans retourne chez ses parents faute de places dans une structure pour adultes. Dans le premier cas, il bloquera la chaîne d'admission d'un enfant, dans le second, il se retrouvera sans structure et donc sans solution.

Ce n'est pas l'amendement Creton qui doit être modifié, voire supprimé comme certains le demandent, mais la considération de l'urgence du problème des places d'accueil. Cet état des lieux doit être enfin pris en compte malgré les promesses de tous les gouvernements qui se sont succédé quelle que soit leur couleur politique.

Ce n'est pas la faute à...

Les jeunes enfants, en attente de places, connaîtront-ils eux-mêmes l'amendement CRETON ?

Les parents de ces jeunes auront-ils, eux-mêmes, affaire à cet amendement ?

Les jeunes handicapés qui ont de 18 à 20 ans, aujourd'hui, ont eux-mêmes attendu que des places se libèrent pour accéder au droit à l'éducation que tous les enfants de France doivent recevoir.

Alors focaliser les fautes sur cet amendement cache le réel problème.

Celui qui fait que des centaines de jeunes handicapés se voient refuser, faute de places, une place d'accueil.

Il y a là un enjeu de société, et, comme tout enjeu de société, celui-ci est politique.

Suite à mon appel téléphonique de ce jour, je vous envoie ce mail.

J'ai un enfant handicapé Z à plus de 80 %. Il est actuellement en IME/IMpro à V pendant la journée et à la Fondation K, la nuit, sur conseil des médecins.

Mon enfant a beaucoup progressé en autonomie, mais il n'en reste pas moins très fragile et très peu sûr de lui. Nous avons eu une réunion ce matin.

Le médecin de l'unité nous a annoncé que notre fils était sortant au mois de... (dans peu de temps) car il avait 18 ans depuis 3 mois et qu'il était majeur. Ce qui est vrai mais il ne nous propose pas d'autres possibilités d'accueil.

Je ne peux me résoudre à cette solution car mon enfant a bien évolué. Il a pris confiance en lui et je sais qu'ils peuvent demander des dérogations. Cela, c'est déjà fait.

Il n'y a pas trop de dialogue avec le médecin référent de l'unité car il croit tout savoir et ne veut pas entendre le bien-être de mon enfant. Je lui ai dit que mon fils n'était pas un objet que l'on peut déplacer comme ça. Il ne faut pas qu'il sorte tant qu'il n'a pas de place.

•

Nous sommes une association de parents, à R dont les enfants ont plus de 20 ans et sont en amendement Creton. Nous nous sommes groupés pour faire pression sur les pouvoirs publics afin qu'ils se penchent sur le problème du manque de places en Foyer pour adulte. Devant l'inertie des acteurs du handicap qui nous "entendent" mais n'agissent pas, nous nous trouvons démunis. Nous aimerions entrer en contact avec des parents rencontrant ce problème afin de créer un dossier.

●

Mon fils, actuellement en amendement Creton, subit des contraintes pour sortir de l'IME, alors qu'il n'y a pas de place pour le recevoir ailleurs.

●

Mon fils a 19 ans et à ses 20 ans, il va se retrouver sans rien si une place en externat ne se libère pas. Peut-on faire appliquer l'amendement Creton si je refuse l'internat pour mon fils.
Je souhaite un externat.

●

Mon fils est en Belgique. Il a 17 ans.
L'établissement me dit que la prise en charge s'arrêtera à 18 ans. On m'a proposé un établissement pour adulte en Belgique, à nouveau qui avait été « épinglé » par la presse française dernièrement. J'ai refusé.
Peut-on demander l'application de l'amendement CRETON en Belgique ?

Personnes handicapées vieillissantes ou la tentation de faire des économies sous prétexte d'une orientation.

L'espérance de vie des personnes handicapées augmente.

L'État français ne considère pas le handicap de la même façon avant et après 60 ans.

Peut-on parler de discrimination ?

Quand on compare ce que coûte une personne résidant en EHPAD par rapport à celle qui vit dans un établissement spécialisé, on a vite compris l'enjeu financier de ces orientations aux approches des 60 ans.

La réglementation actuelle risque « d'envoyer » toutes les personnes handicapées résidant dans des établissements spécialisés depuis de nombreuses années vers des EPHAD après 60 ans par manque d'établissements spécialisés pour les personnes vieillissantes.

Ces personnes ainsi « déplacées » en EHPAD arriveront-elles à s'intégrer dans leur nouvelle structure ?

On peut légitimement se poser la question.

Le handicap après 60 ans devient-il moins important qu'avant cette échéance ?

Que deviennent les personnes handicapées vieillissantes ?

Le nombre de personnes handicapées approchant l'âge de soixante ans croît pour plusieurs raisons : les progrès de la médecine et l'amélioration de la prise en charge de ces personnes sont, sans aucun doute, les raisons principales de cet allongement de l'espérance de vie.

Passé le cap des soixante ans représente une fracture dans la vie de beaucoup de personnes handicapées. Au-delà de cet âge, les personnes handicapées entrent dans le système des mesures sociales prévues pour cette période de l'existence.

Bien souvent, cela signifie, pour elles, qu'elles sont susceptibles de quitter le cadre dans lequel elles ont vécu, alors même que leur famille ne peut plus les accueillir.

Je suis le frère d'une personne handicapée qui est depuis 30 ans dans un Foyer de vie dans le département de F.

Au Conseil d'Administration de l'association, nous nous battons depuis quelques mois contre le Président, le Bureau et la Direction de l'établissement qui ont décidé, poussés par le Conseil Général, de « virer » les plus de 60 ans (et ceux qui vont les avoir) vers les EHPAD.

•

Je me permets de vous solliciter pour mon frère handicapé qui est placé actuellement dans une structure appropriée pour ses problèmes mentaux. Vu son âge avancé et près de sa retraite, j'ai pu obtenir un entretien avec les responsables de cette association pour discuter éventuellement de la continuité d'un placement en Foyer au S pour personnes de plus de 60 ans.
Actuellement, aucune proposition ne m'a été adressée sauf vers une maison de retraite traditionnelle. Pouvez-vous me guider et me conseiller sur cette problématique d'orientation ?

Les maisons de retraite avec un personnel restreint et non formé aux différentes pathologies rencontrées en Foyer, FAM ou MAS, sont-elles adaptées à une prise en charge des personnes handicapées mentales ?

Après plusieurs années passées dans l'établissement spécialisé, le choc est brutal pour le résident qui se retrouve, pratiquement du jour au lendemain, dans une maison de retraite perdant ainsi tous ses repères. Tout le travail accompli par l'équipe pédagogique est balayé.

Si nous ne contestons pas systématiquement ce genre d'orientation qui peut être positive dans certaines situations, cependant rares, il faut reconnaître que les retours d'informations que nous avons sur les séjours en maison de retraite nous laissent perplexes tant ils paraissent avoir été peu favorables.

Aucune loi n'affirme clairement qu'il y ait obligation pour une MAS ou un quelconque établissement spécialisé à renvoyer des résidents sur le seul critère de l'âge de la retraite. En ce qui concerne les Foyers, il semblerait que tous les Conseils Généraux ne soient pas sur la « même longueur d'onde ».

Fréquemment, ces orientations sont désapprouvées par le personnel qui est au contact quotidien du résident.

Certains analystes raisonnant froidement sur les chiffres seuls craignent un « embouteillage » dans les établissements spécialisés à l'âge de la retraite, à l'image de ce qu'aurait provoqué, selon eux, l'application de l'amendement CRETON à la sortie des établissements pour enfants et adolescents.

Nous ne nions pas que l'établissement spécialisé ait une limite par rapport à sa mission sociale et médico-sociale.

●

Je cherche une maison spécialisée pour personne âgée handicapée mentale.

Pouvez-vous m'indiquer si votre établissement prendrait en charge cette personne handicapée sachant qu'elle perçoit le minimum vieillesse, donc pas assez de ressources ?

Elle est à 80 % d'invalidité

●

Mon fils aura bientôt 60 ans, atteint d'une maladie (Chorée de Huntinton).

Aucune structure n'existe en France. Auriez-vous des établissements à me proposer ?

●

Il s'agit pour moi de rechercher un lieu d'accueil de vie dans notre région pour mon frère, handicapé mental, adulte proche de l'âge de la retraite.

Mon frère va bientôt avoir 60 ans. Il réside actuellement et depuis toujours dans une autre région que la mienne. Il habite dans un Foyer et il travaille dans un ESAT.

Depuis quelques mois (pour faire une transition avec la retraite), il fréquente à mi-temps un Foyer de jour situé également à F.

C'est au mois de... que son départ à la retraite lui a été accordé.

Si je suis amenée à entreprendre cette recherche, c'est par souci de le rapprocher de mon domicile, afin qu'il puisse maintenir un contact familial sans avoir à entreprendre un long voyage à chaque fois que nous voulons le voir ou le recevoir.

S'il vous était possible de me donner la marche à suivre pour avoir un maximum d'informations sur les structures d'accueil existantes, pour savoir qui rencontrer ? Les organismes ?

Les personnes ?...

J'aimerais prendre la meilleure orientation concernant mon frère et son avenir.

La prise en charge peut être défaillante jusqu'au bout.

Ma sœur réside en hôpital psychiatrique depuis des années faute d'avoir trouvé une place d'accueil en MAS. Elle va avoir 60 ans et l'équipe médicale souhaite qu'elle aille maintenant dans une maison de retraite.

N'ayant trouvé aucune maison de retraite qui accepte de l'accueillir, peut-elle rester en HP ? Peut-elle, à son âge, encore trouver une Maison d'Accueil Spécialisée ?

•

Ma fille a 52 ans. Commence-t-on à parler de l'après 60 ans pour nos enfants handicapés aux parents de ma génération ? Ce problème posera des incertitudes aux parents.
La création de services spécialisés au sein des Maisons de retraite ne les rassure pas complètement.

A 60 ans, il est impossible d'envisager un « retour » à la maison. Beaucoup n'ont pratiquement pas de famille et, il est impensable de faire peser sur la fratrie, si elle existe, la prise en charge totale de la personne handicapée vieillissante.

La solution de la Maison de retraite classique n'est pas adaptée.

Il est urgent de développer une diversité de services adaptés aux différentes périodes de la vie des personnes handicapées.

J'ai cette lourde charge d'être confrontée à cette proposition d'orientation pour ma sœur trisomique

vieillissante qui ne correspond plus aux critères
d'admission du Foyer. Que c'est lourd à porter sans ses
parents à qui revient normalement cette décision. Ai-je
vraiment le choix ?
Non... !
Quand les critères sont là, il faut accepter la réalité qui
vous claque en pleine face.

Le désir de créer un établissement.

À l'annonce du handicap de leur enfant, combien de parents découvrant la situation difficile du monde du handicap ne se sont pas dits : « je vais créer une association, un établissement ».

Réaction bien normale en constatant les possibilités restreintes de prises en charge.

Il y a là le signe d'un sentiment de révolte devant un état des lieux triste qui fait que les places d'accueil sont encore limitées.

La France a pris un tel retard qu'il faudra plusieurs années pour combler ce déficit de places d'accueil pour nos enfants handicapés.

Je suis infirmière en psychiatrie et anciennement en neurologie. Je suis la maman d'un jeune adulte handicapé. Je souhaite créer une microstructure privée d'accueil avec hébergement dans un premier temps. Le lieu de vie serait financé par nous-mêmes. Afin d'être accompagnée et informée sur le sujet, je souhaite prendre contact avec vous.

●

Je suis sensibilisée à votre cause. Pourquoi les enfants atteints de déficits mentaux ne trouvent pas de place en France ? Est-ce dû à une législation trop complexe en France ?

Je suis moi-même, maman. Je me suis mise à la place des parents qui doivent comme vous dites "exiler" leurs enfants. Ces familles vivent déjà une situation compliquée et n'ont pas la possibilité de faire autrement.

Voilà quelque temps de cela, j'ai vu un reportage à la TV où j'ai appris la situation de ces enfants. Je me suis longtemps questionnée, comment aider ces familles et ces enfants. Aujourd'hui, j'ai décidé d'essayer de monter un projet d'établissement d'accueil pour ces enfants. Pourriez-vous me dire si cela vous semble réalisable ? J'entreprends de mon côté des démarches.

•

Je suis éducatrice spécialisée. Je suis belge. J'ai travaillé avec des résidents français hébergés en Belgique pendant 15 ans. J'ai cassé mon contrat à durée indéterminée pour des raisons personnelles et surtout une mésentente par rapport au fonctionnement du centre où je travaillais. J'ai ensuite travaillé pour une grande association française dans le nord de la France. Les besoins des Français sont réels et pour moi la Belgique, mon pays, n'est pas une solution, loin de là. En plus, j'ai lu il y a peu que comme les structures belges accueillent en majeure partie des résidents français, un bon nombre de handicapés belges restent sans structures adaptées... Un comble ! J'ai envie de monter un projet d'association dans les environs de Lille, un Foyer français pour des Français, avec moi et mon bagage belge à la clé, ceci avec des intervenants sociaux français. J'ai envie de me lancer, mais j'ai cependant peur.

Le côté français est très, très, strict et cher et ça fait peur. Ce projet me tient vraiment à cœur...

CHAPITRE 4

Quand les établissements spécialisés arrêtent la prise en charge.

Orientation en hôpital psychiatrique.

Il arrive encore que des établissements ou services spécialisés décident unilatéralement de mettre fin à une prise en charge d'une personne handicapée pour le motif que le handicap de la personne en question ne correspond plus à la prise en charge dudit établissement.

Il est fréquent que l'établissement fasse « faire un séjour » à la personne handicapée en clinique ou en hôpital psychiatrique.

Heureusement que les psychiatres des hôpitaux psychiatriques estiment souvent que la personne handicapée venant d'une structure spécialisée n'a pas « sa place en HP » et prononcent le retour dans l'établissement d'origine.

« Petit problème », il arrive fréquemment que la place soit déjà prise par quelqu'un d'autre.

Est-ce normal ? Est-ce légal ?

L'orientation en hôpital psychiatrique, c'est ce qu'il y a de plus difficile à admettre pour son enfant ou adulte. Comme s'il y avait une hiérarchie dans la détresse du handicap mental.

Lorsqu'un handicap évolue avec des troubles du comportement, difficiles à gérer au fil des années, les établissements spécialisés pensent tout de suite « hôpital psychiatrique ».

Surgissent des incompréhensions entre les professionnels et les familles qui ont toujours l'impression que l'on souhaite se « débarrasser » de leur enfant ou adulte.

Pour les parents, l'hôpital psychiatrique, c'est encore plus éloigné du monde « normal » que l'établissement spécialisé.

Quel destin pour ces enfants et adultes !

Que ressentent les parents ?

L'hôpital psychiatrique au dernier stade de l'accueil.

Encore moins bien que les établissements spécialisés que l'on a appelés, il y a peu, « les institutions ».

Je rencontrais un voisin qui me disait en ces périodes d'orientation : « vous avez placé votre fils en institution ». Comme si nous, les parents, nous placions nos enfants. Il y a beaucoup d'amertume lorsqu'on entend ces propos. Mais l'hôpital psychiatrique, c'est le bout du chemin lorsqu'un établissement spécialisé renonce à une prise en charge et conseille aux parents l'HP.

Ma fille est dans une MAS depuis plusieurs années. Son état de santé tant physique que mental s'est détérioré selon le médecin de l'établissement qui veut l'orienter en hôpital psychiatrique. Peut-il le faire sans mon accord ? Je pensais qu'une commission devait statuer sur ce genre de situation à la MDPH. Puis-je demander l'avis du médecin de la MDPH ? »

Et pourtant si c'était vrai que notre enfant ou adulte devait aller en hôpital psychiatrique.
Là, le destin bascule.
Notre enfant vaut mieux.
Mais pourquoi l'établissement spécialisé n'y arrive-t-il pas avec lui ?
Quel sentiment de voir le destin de notre enfant nous échapper à ce point et que finalement notre avis ne compte pas !

Je vous contacte afin de savoir quels sont les droits d'un enfant adulte de 38 ans, handicapé lourd, dans un établissement, depuis 21 ans. Cette structure refuse aujourd'hui d'accepter le maintien de ce jeune homme, pourtant là depuis de nombreuses années.

Maltraitance à son égard, de la part du personnel soignant, ils veulent à tout prix que sa maman le fasse admettre en psy, mais il a ses repères et il serait trop déstabilisé ailleurs.

Cette M.A.S. est sa maison, il a dû être hospitalisé, il crie beaucoup, mais un traitement adapté a été mis en place, il va un peu mieux.

Je pense qu'il est du devoir de l'établissement d'accepter ce petit, sa maman est seule pour l'élever. Elle a 60 ans, fatiguée, parce qu'elle s'occupe beaucoup de son fils.

Que faire afin de l'aider ? Personne n'en veut dans cet établissement, il est maltraité, faute de personnel, et vraiment, pouvez-vous me dire quel recours et que faire ? La MDPH l'a placé là. Maintenant ils font tout pour le faire partir parce qu'ils ne le supportent plus.

Merci de bien vouloir m'indiquer la marche à suivre pour aider à sauvegarder les droits de cet enfant adulte et malade. »

•

Mon jeune de 18 ans, autiste, est envoyé directement de l'IME à l'hôpital psychiatrique. Je souhaite une place en hôpital de jour.

●

Nous avons un enfant âgé de 40 ans. Il est catalogué psychotique. Depuis septembre dernier, suite à la demande de l'établissement où il se trouve depuis 11 ans, il est à l'hôpital psychiatrique. Il est paraît-il violent vis-à-vis de lui et des autres. A la maison, comme avec les gens qui l'entourent (commerçants voisins ....) c'est une personne très sociable. A l'hôpital cela n'allait pas trop mal. Nous allions le voir. Il venait à la maison. Le psychiatre n'était pas mécontent de notre fils même si parfois il y avait quelques dérapages. Mais soudainement depuis 3 semaines rien ne va plus. Changement dans le personnel et dans son environnement. Il est en permanence isolé, car dit violent. Le psychiatre nous informe, ce matin, qu'il devra, de ce fait, passer un ou deux mois à l'USIP pour lui faire comprendre qu'il agit mal puis, si son état ne s'améliore pas il ira à UMD (unité des malades difficiles).
Nous sommes anéantis par ces projets. En effet, personne ne veut croire que notre fils a besoin de se retrouver chez lui de temps en temps pour améliorer son état. Nous ne

sommes plus jeunes et ne pouvons reprendre notre fils à la maison. Nous aimerions que notre fils puisse aller dans un FAM (son orientation de la MDPH du mois de septembre dernier). Nous aimerions que notre fils vienne à la maison.

Nous n'acceptons pas cette orientation, impensable pour nous car nous voyons que notre fils passera sa vie à l'hôpital. Notre fils n'est pas méchant. Nous pouvons obtenir des témoignages. Que se passe-t-il, que ce soit dans l'établissement où il se trouve depuis 11 ans passés ou à l'hôpital ? Nous nous posons beaucoup de questions. Si l'on peut nous apporter un soutien par des témoignages ou autres, nous vous en remercions par avance. Vous comprendrez notre inquiétude et notre désarroi. Aidez-nous à sortir notre enfant de cette situation.

Parfois, on veut le garder à tout prix, à la maison, lui éviter « l'institution » où il sera nécessairement malheureux, du moins c'est ce que l'on pense.

Mais le temps passe.

Les parents vieillissent. Et après eux ?

Mon frère a plus de cinquante ans. Il est porteur d'un handicap mental. Après avoir travaillé avec mon père, il est maintenant à la maison avec ma mère qui est très âgée. Elle peut difficilement s'en occuper. Mon père

est décédé. Difficile de trouver une solution adaptée, il est
sur liste d'attente. Son âge et le fait qu'il n'a jamais
fréquenté d'établissements spécialisés rendent la situation
plus compliquée. La seule possibilité qui s'est présentée est
un placement en centre médical psychologique dépendant
de l'hôpital psychiatrique du secteur. Après avoir fait un
essai temporaire, mon frère ne veut pas y retourner car il
est très malheureux dans ce centre. Connaissez-vous
d'autres solutions ?

Si mon frère se retrouve seul, se retrouvera-t-il contraint
d'aller en secteur psychiatrique ?

Il y a aussi ceux qui sont orientés directement en hôpital psychiatrique faute de places dans un établissement spécialisé et qui ne peuvent pas rester à la maison. Les parents travaillent ou ne peuvent plus s'en occuper, la gestion du handicap devenant trop difficile.

Mon fils est en hôpital psychiatrique depuis
plusieurs années. Il a une orientation faite par la MDPH
en MAS. On me dit qu'il n'y a pas de places en MAS dans
ma région et qu'il doit rester en HP. Pourquoi ne fait-il pas
des stages en accueil temporaire dans des MAS ? Cela lui
permettrait de sortir de l'hôpital psychiatrique.

L'incompréhension s'installe entre la famille et l'équipe de l'établissement spécialisé.

Autant, parfois, certaines familles ont des difficultés à admettre l'évolution du handicap qui rend difficile une prise en charge dans un établissement, autant certains établissements ne prennent « pas de gants » pour envoyer un résident en hôpital psychiatrique très rapidement en avertissant qu'au dernier moment la famille. Celle-ci reste comme assommée, ne sachant pas quoi faire.

Elle est encore plus assommée quand la chambre du résident doit être vidée rapidement.

Là, vous comprenez que l'établissement ne veut plus de lui.

Et on trouve cette méthode, pas si rare que cela, injuste et brutale.

Je viens de découvrir votre site et voici ma problématique.

Mon frère de 20 ans est traumatisé crânien grave suite à un accident de la route en 2006.

Il a des séquelles physiques et cognitives importantes. Néanmoins, il n'a pas vraiment de handicap mental.

Il comprend bien les choses et il a beaucoup de tempérament.

Il est actuellement résident d'une MAS dite spécialisée pour les traumas crâniens.

Néanmoins, depuis son entrée dans cette institution tout va de travers. Les personnels ne comprennent pas comment fonctionne mon frère et nous avons été confrontés à une montée en puissance de réactions agressives de sa part.

De ce fait, l'équipe de la MAS a jugé mon frère comme étant un cas psychiatrique et l'a fait transférer dans un centre psychiatrique. La direction de la MAS a demandé à ma mère de venir vider la chambre de mon frère. (Elle l'a fait).

Néanmoins, le centre psychiatrique n'a pas diagnostiqué mon frère comme étant un cas psychiatrique et il a été renvoyé dans la MAS où nous avons dû rapporter toutes ses affaires.

Néanmoins, la problématique de l'agressivité est restée et elle s'est même amplifiée.

De ce fait, le médecin généraliste de l'établissement a mis mon frère sous W par injection 1 ml tous les 15 jours. Cela fait 6 mois qu'il a ce traitement et son état physique se dégrade.

Il perd le peu d'autonomie qu'il avait retrouvé suite à ses efforts.

La situation est catastrophique.

L'équipe de la MAS ne semble pas disposée à changer son traitement.

Aujourd'hui, ils ont un "légume" qui ne fait plus rien, c'est à mon sens beaucoup plus simple que de rechercher les causes de son agressivité. Certains membres de l'institution sont d'accord sur le fait que son traitement est excessif. Malgré nos contestations rien ne bouge.

Ils disent que mon frère est dangereux. Mais s'il était si dangereux pourquoi le centre psychiatrique ne l'a-t-il pas gardé et pourquoi n'ont-ils pas préconisé le médicament W avant ?

Ma famille et moi, nous ne savons plus quoi faire, ni vers qui nous adresser.

Elle peut être bloquée jusqu'au bout.

Ma sœur réside en hôpital psychiatrique depuis des années faute d'avoir trouvé une place d'accueil en MAS. Elle va avoir 60 ans et l'équipe médicale souhaite qu'elle aille maintenant dans une maison de retraite. N'ayant trouvé aucune maison de retraite qui accepte de l'accueillir, peut-elle rester en HP ?

Peut-elle, à son âge, encore trouver une Maison d'Accueil Spécialisée ?

On veut agir pour l'un des siens. Mais que faire ? Comment intervenir auprès de l'institution qui « sait fermer les portes » quand cela l'arrange !

Mon frère a 22 ans et il est interné à l'hôpital psychiatrique de X. Je ne connais pas le nom exact de sa maladie mais depuis tout petit, il a des difficultés à s'exprimer normalement, il a tendance à répéter plusieurs fois certains mots ou à "hacher" ses phrases. Jusqu'à sa majorité, il était en école spécialisée et il sait un petit peu lire et écrire. Il traverse des phases d'euphorie et d'excitation suivies de périodes de mutisme. Depuis près de 2 ans, il est devenu violent. Pas de solution en établissement spécialisé, il a donc fallu le faire interner parce que la situation familiale devenait trop dangereuse. Depuis, il a perdu plus de 20 kg, il n'est plus que l'ombre de lui-même. Lorsque nous allons lui rendre visite, j'ai l'impression de voir un prisonnier de camp de concentration. Il est maigre, sale, avec des blessures aux mains et visage (on nous dit que les patients se battent entre eux) et il a de fréquentes crises de violences (cette dernière année, il a dû plusieurs fois aller en cellule d'isolement ou centre fermé).

Il y a quelques mois, il a été autorisé à venir passer une heure chez sa mère et quand elle lui a fait prendre sa douche, elle a remarqué qu'on lui avait mis la culotte d'un autre patient...

Si je vous écris aujourd'hui, c'est parce que je l'ai vu samedi dernier, le 30 juillet et que j'ai eu le sentiment de voir quelqu'un en fin de vie.

Il était fiévreux et tremblait de tous ses membres, il était tellement gavé de sédatifs qu'il arrivait à peine à garder sa tête droite pour nous parler.

Ma mère a demandé à l'infirmier de lui prendre sa température, il lui a répondu qu'elle était trop envahissante et qu'il fallait qu'elle parte !!

Maman a décidé d'écrire une lettre à la direction pour se plaindre mais là n'est pas le plus gros problème...

Quel recours a-t-elle ? Qui peut l'aider ? Le centre, a-t-il le droit de refuser qu'elle reprenne son fils chez elle pour le soigner ? J'ai peur pour mon frère et je ne sais pas de quelle façon l'aider ! Merci d'avance pour votre aide.

La Belgique, toujours la Belgique. Dernier recours de la France pour l'accueil de nos enfants et adultes handicapés délaissés par leur pays.

Ayant observé qu'au sein de l'unité psychiatrique S à E, en France, plusieurs patients ont été transférés définitivement vers la Belgique, apparemment, sans leur consentement.

Je me permets d'émettre quelques inquiétudes sur une telle situation.

Hôpital psychiatrique ou établissement spécialisé. Pas l'ombre du doute si l'on pouvait choisir.

C'est à l'hôpital de V que mon enfant a été délaissé. Après un mois d'hospitalisation, il ressemblait à un clochard : cheveux longs, barbe non rasée, ongles des mains et des pieds longs. De plus, il n'était pas autorisé à sortir. Aussi, je ne pouvais pas l'emmener chez le coiffeur. J'ai demandé si un coiffeur à domicile pouvait venir à l'hôpital, on m'a répondu que non.

À l'hôpital, certes, ils l'ont soigné dans la mesure du possible avec des médicaments, mais il semble y avoir un manque de moyens et de personnel. Pourtant, certains infirmiers et infirmières étaient très gentils avec mon fils mais ils semblaient dépassés et débordés.

Comment résoudre la question de l'argent de poche et des vêtements lorsque la tutrice se trouve à l'autre bout de la FRANCE ?

En état de crise, Mon enfant avait été envoyé en urgence d'un établissement pour malade psychique en Belgique (car nous n'avions pas trouvé de place en France), à l'hôpital de V.

Ayant vécu chez moi jusqu'à ses 37 ans, je n'ai plus eu assez de santé pour le prendre en charge. Cela a été un parcours du combattant pour lui trouver un établissement. Je suis même allée voir le Maire de la commune, le commissariat, etc.

Au cours de son avant-dernière hospitalisation (qui a duré un an) : si je n'avais pas pris le relais de la tutrice le temps que le juge lui en octroie une autre, que serait-il devenu ?
Car les démarches administratives sont très longues. De plus, le psychiatre, avec lequel mon enfant s'entendait bien dans cet hôpital, a eu une promotion et il est parti dans un autre établissement.

La maladie de mon enfant a explosé à ses 20 ans par une bouffée délirante et depuis, à cet hôpital, il a changé au moins 5 fois de psychiatre (un véritable défilé).

Ma question est : pourquoi n'y a-t-il pas un coiffeur barbier dans les services de psychiatrie des hôpitaux et une personne chargée de vérifier l'hygiène des patients, leur argent de poche ?

Est-ce hygiénique de déambuler dans les couloirs de l'hôpital avec des chaussons en papier à moitié déchirés ?
À la M.A.S où il se trouve actuellement, les choses vont beaucoup mieux.

Le personnel semble plus humain mais mon enfant, à cause de sa maladie, ne pense pas à demander à se faire couper les cheveux, les ongles de pieds et de mains. Il ne demande pas de lui-même à aller chez le dentiste alors qu'il a des dents cariées et à remplacer, et là encore, je dois souvent le faire à sa place ! Et si je n'étais plus là ?

Mon fils qui est très lucide lorsqu'il n'est pas en crise, se plaint de l'enfermement à la M.A.S.

S'il veut se déplacer, il faut qu'il demande à chaque fois. Tout est fermé à clé : ascenseurs, portes vers l'extérieur, etc.

Pour moi, c'est une demi-prison.

Pour être honnête, sa chambre est superbe avec une salle d'eau individuelle et on lui propose des activités. Il y est donc bien mieux qu'à l'hôpital.

CONCLUSION : Quand les malades psychiques pourront-ils bénéficier d'établissements plus petits et familiaux et non de grands établissements impersonnels où on les enferme ? Peut-être est-ce un rêve de mère de malade psychique ?

L'inquiétude jusqu'au bout !

J'ai un enfant handicapé mental d'un peu plus de 20 ans relativement autonome.

Tout ce que je ressens des expériences des autres parents, et tout ce que je lis, me fait peur quant à son intégration un jour dans un Foyer d'hébergement.

En effet, j'ai entendu des témoignages de parents auxquels on proposait "une pause" pour leur enfant... en HP...

Devant leur refus, l'enfant après 15 ans de Foyer s'est retrouvé dehors. La personne handicapée à qui je pense a un peu plus de 40 ans. Il est entièrement à la charge de ses parents vieillissants. Alors que, le côtoyant, je vois que son comportement est banal par rapport à son handicap.

Le motif réel était en fait qu'il s'était "malencontreusement" attaché affectivement à une autre résidente et que cela passait mal auprès du personnel !

J'ai entendu aussi des sanctions du type "privé de sortie en famille » pour tel ou tel comportement ! Est-ce normal ?

Je pense que : non.

En effet, il faut se méfier des beaux projets sur le papier ; la réalité est tout autre.

Mieux vaut se fier à des familles qui connaissent vraiment la structure et surtout tout dépend de l'équipe et de la direction. Bravo pour votre travail.

Rupture de prise en charge. Retour à la Maison.

Il n'y a pas que les retours à la maison qui s'opèrent tout simplement parce que l'âge d'accueil des résidents atteint la limite autorisée dans les établissements pour enfants et adolescents, il y a aussi les retours à la maison pour rupture, souvent brutale, de la prise en charge pour des raisons médicales.

Ce qui déroute les parents, c'est qu'ils estiment que l'établissement qui a accueilli leur enfant ou adulte avant de l'exclure connaissait ses problèmes et ses troubles du comportement.

Pourquoi l'établissement s'est-il prononcé favorablement pour l'admission de leur enfant si c'est pour l'exclure plus tard ?

Les parents n'ont pas l'impression que le comportement de leur enfant exclu ait changé radicalement au point de devenir un danger pour les autres résidents.

Que dit la loi ? :

« Lorsque l'évolution de son état ou de sa situation le justifie, l'adulte handicapé ou son représentant légal, les parents ou le représentant légal de l'enfant ou de l'adolescent handicapé ou l'établissement ou le service peuvent demander la révision de la décision de la décision d'orientation prise par la commission (Commission des Droits et de l'Autonomie des Personnes Handicapées).

L'établissement ou le service ne peut mettre fin, de sa propre initiative, à l'accompagnement sans décision préalable de la commission. »

Bien sûr, nous ne mettons pas en doute la nécessité d'une ré orientation au regard du handicap qui a pu s'aggraver. Ce que nous souhaitons, c'est qu'une personne handicapée, dans ce cas, soit maintenue dans son établissement spécialisé d'origine tant qu'une nouvelle place d'accueil ait été trouvée.

Certains établissements arrêtent les prises en charge bien avant les 20 ans.

Ces établissements sont très spécialisés dans certains handicaps comme les crises d'épilepsie sévères. Aux parents de se débrouiller ensuite.

Mon enfant (14 ans) était accueilli en internat. L'établissement m'a dit qu'il retournait « à la maison » car ils avaient un agrément pour accueillir les enfants uniquement jusqu'à 12 ans. L'établissement m'a dit que leurs recherches pour trouver une nouvelle structure d'accueil, même en externat, n'avaient donné aucun résultat.

En 15 jours, mon enfant n'a plus eu d'établissement. Je dois arrêter de travailler pour le garder. Que faire ?

Urgence !

La difficulté à trouver une place d'accueil dans un établissement spécialisé est un combat. N'ayons pas peur de l'expression. Encore faut-il que le jeune y reste une fois la place acquise. Et les parents d'enfants et adultes handicapés ayant des troubles du comportement savent que ce n'est pas forcément évident.

Combien de directions d'établissements spécialisés se sont permis « d'arranger » un retour à la maison, au domicile familial pour la bonne raison que l'établissement d'accueil ne correspond plus au handicap.

Mais voilà, une fois cela dit, aucune solution de rechange est trouvée.

Les parents doivent se débrouiller. Certes, ils en ont l'habitude mais quand même !

Un établissement peut-il prendre seul la décision d'exclure un usager sans l'accord de la MDPH ou le Conseil de la vie Sociale ? L'établissement doit-il trouver un autre établissement d'accueil avant l'exclusion ?

Tous les âges sont concernés. De l'enfance à l'âge adulte, en passant par l'adolescence.

Je viens de recevoir un courrier du directeur de l'IME. Je suis dépitée et en colère qu'il souhaite arrêter la prise en charge de ma fille. Je vous envoie la lettre et dites-moi ce que vous en pensez. En ce moment ma fille va bien. Elle a un traitement qui lui convient bien. Je vous joins

également le courrier que j'ai fait en réponse. Appelez-moi
pour me dire comment agir contre ce courrier.

●

Je vous envoie, comme convenu, les documents que j'ai
en ma possession concernant le problème existant entre
les parents d'une jeune personne handicapée mentale et
l'établissement qui accueillait cette dernière.

Les faits sont décrits par la maman dans une lettre
adressée au Ministre des handicapés, sans avoir de
réponse à ce jour.

Depuis ce courrier, la mère a pris un avocat qui a fait un
recours au tribunal administratif pour faire réintégrer sa
fille.

Ses amis et sa famille lui déconseillent de remettre sa fille
dans le même établissement si elle gagnait le recours en
question.

Pour l'instant, pas de place disponible en externat (la
maman ne veut pas d'internat) dans la région.

La fille étant toute la journée à la maison, la maman s'est
arrêtée de travailler.

Elle cherche une auxiliaire de vie mais ne trouve pas car
elle habite un petit village.

Le Maire du village a été saisi du problème.

Les parents de l'établissement où était accueillie la jeune
fille ne se sont pas manifestés sur cette exclusion qui n'a

pas fait l'objet d'une discussion au Conseil d'Administration. (Pas de CVS à ma connaissance).

·

La maman me demande si elle peut porter plainte pour non-assistance à personne en danger.

Peut-on exclure une enfant handicapée mentale du jour au lendemain sur un simple coup de téléphone (la lettre d'exclusion arrivant 8 jours après).

La mère a envoyé une lettre d'excuse à la directrice concernant sa réaction un peu vive lors de l'entretien où l'annonce de l'exclusion a été évoquée.

Tous les types d'établissements sont concernés.

Je m'adresse à vous aujourd'hui pour avoir votre avis sur le cas d'un usager d'un ESAT.

Cet usager de l'ESAT a été exclu de l'établissement après plusieurs années de présence pour retards répétés essentiellement.

Sur son courrier émanant de l'établissement était inscrit : dangereux pour lui-même et pour l'institution, sans aucune autre précision. La Direction de l'établissement a fait parvenir le dossier d'exclusion à la MDPH, ce qui a abouti à une exclusion de l'usager. L'usager vit maintenant dans sa famille qui est très démunie à tout point de vue.

Ma question est la suivante : Quelqu'un peut-il avoir accès au dossier établi par le Chef d'Établissement en direction de la MDPH ?

Quelle est la procédure à suivre sachant qu'un courrier simple et un recommandé sont partis vers la MDPH et vers le Tribunal administratif pour faire appel ?

•

Depuis plusieurs semaines, la prise en charge de notre fils C a été arrêtée au Centre N. C vit à temps complet chez nous, ses parents, en attendant une place dans un Foyer de vie dans le département en externat.

Le Foyer qui l'accueillait a suspendu la prise en charge sans lui proposer une solution de remplacement, ce qui est contraire à la loi de 2005. Nous pouvons comprendre de la nécessité d'une ré orientation au regard des critères de la prise en la charge actuelle du Centre N, mais pas dans ces conditions, sans respect pour lui et pour nous !

Ce que nous pensons, c'est que notre fils aurait dû être maintenu dans son établissement spécialisé d'origine tant qu'une nouvelle place d'accueil n'a pas été trouvée.

Attention, un arrêt de prise en charge provisoire peut annoncer un arrêt de prise en charge définitive. D'ailleurs, comment un établissement spécialisé estime-t-il qu'un renvoi provisoire a une valeur thérapeutique ?

Je souhaite avoir de l'aide. En qualité de famille d'accueil, nous accueillons un enfant depuis 8 ans pris en charge dans un IME. Suite à un problème, le directeur a prononcé son exclusion de l'établissement durant une semaine. Nous sommes d'accord pour une sanction (une journée en établissement avec un travail particulier par exemple en lien avec son acte ou autre).

Une semaine, c'est énorme d'autant que l'enfant ne comprend pas le pourquoi de la situation. Nous alertons depuis 8 ans tous les services, établissements... pour que cet enfant ait une prise en charge thérapeutique en lien avec son trouble. Nous nous battons contre des moulins à vent. L'enfant va être exclu et retournera dans l'établissement sans que rien n'ait changé et sans comprendre le pourquoi d'une telle sanction.

Est-ce normal ? Je peux vous donner d'autres informations plus précises sur les troubles de cet enfant et la faute commise dans l'IME.

Une réponse rapide me serait d'un grand secours car nous sommes dans l'isolement, l'incompréhension et le désarroi le plus total.

Mon fils a d'abord été exclu le mercredi parce qu'il perturbait le déroulement des activités m'a-t-on dit. Trois mois plus tard (dernier jour de l'année), C est rentré à la maison avec un mot de la directrice me signalant qu'à la rentrée, il ne serait plus accueilli le lundi non plus et qu'en décembre, la prise en charge s'arrêterait complètement. J'ai contacté cette dame.

Sa réponse : « S'il est bien chez vous, gardez-le ! ». Choqué par cette décision sans appel et surtout, sans aucune explication valable, j'ai contacté la MDPH qui ne comprend pas non plus cette façon de procéder et ne va pas en rester là. Une réorientation, pourquoi pas, mais une exclusion sans solution, non ! Je suis soutenu par la MDPH et par l'association ANDEPHI et je ne baisserais pas les bras.

●

Je souhaite m'associer à vous pour participer à l'action que vous menez.
J'ai une fille trisomique avec des tendances autistiques, âgée de 23 ans, qui vient d'être exclue de son Foyer de vie, d'une manière brutale suite à une dégradation de sa santé

liée au choix de neuroleptiques puissants que le Foyer a voulu utiliser pour régler ses problèmes de comportement. Elle a été mise dehors comme un objet encombrant. On n'aurait pas fait cela pour une personne sans handicap.

J'ai alerté la MDPH, le Conseil Général des R, le Juge des tutelles.

Mais pour l'instant, c'est bon courage madame.

À moi de réussir ce qu'une institution n'a pas été capable de faire.

À moi de surmonter tous les problèmes.

À l'âge adulte, même après plusieurs années passées à vivre dans le même établissement, des arrêts de prise en charge sont décrétés.

Notre fils vit depuis 13 ans dans un foyer de vie près de W. Nous résidons à quelques kilomètres de ce Foyer. Il se trouve que nous avons reçu un courrier (lettre recommandée avec AR) émanant de la direction de ce même Foyer qui stipule que dans quinze jours notre fils ne fera plus partie des résidents du foyer où il vit. Le motif invoqué est : incompatibilité avec la vie collective et la dynamique du Foyer. Certes notre fils gesticule et parle fort, mais fort heureusement il n'a, à ce jour, jamais blessé personne. Depuis deux mois, à l'initiative du Foyer, notre fils est promené de clinique en établissement d'accueil de séjour et de rupture pour être à ce jour, à nouveau, dans un Foyer de vie en position d'accueil temporaire.

Nous en sommes très surpris car l'assistante sociale de la Maison Départementale des Personnes Handicapées (seule habilitée à prendre la décision de placement vers un autre établissement) que nous avons contactée après réception du courrier notifiant le renvoi, nous a affirmé que le Foyer se devait de garder notre fils jusqu'à ce qu'un autre établissement adapté à l'état de santé de notre fils soit trouvé. Devant ce comportement autoritaire nous sommes démunis.

●

Suite à notre conversation téléphonique concernant J en hébergement au Foyer de D et suite à son renvoi, nous voudrions obtenir de votre part les documents inhérents au droit du résident.

●

Mon fils est en MAS depuis moins de cinq ans. Il est âgé aujourd'hui de 50 ans. Suite à une réunion, à la MDPH, demandée par son établissement d'accueil, les représentants de la MDPH ont indiqué que mon fils n'avait plus sa place en MAS.

Cette décision a été motivée oralement par la MDPH, en arguant du fait que son état de santé n'était plus compatible avec ce type d'accueil et que sa place relève d'une USLD (Unité de Soins de Longue Durée) sans plus de précision. Il m'a été demandé de chercher un établissement USLD.

À ce jour, la MDPH indique que c'est à ses parents de faire la demande d'orientation en USLD, en refaisant le formulaire unique de demande.

Or ce n'est pas sur notre demande que notre fils quitte la MAS.

C'est la décision de la MDPH.

La CDAPH, ne peut-elle pas faire une décision en précisant que l'état de santé n'est plus compatible avec un accueil en MAS, car actuellement elle refuse de le faire ?

Comment se défendre ?

J'ai vu des arrêts de prise en charge avec pour excuses, des comportements d'agressivité, de violence... Il faut lire le contrat de séjour de l'établissement qui accueille (ait). Il y a peut-être une clause particulière sinon se retourner vers la MDPH et l'ARS.

•

Je me permets de vous écrire car nous avons connu cette expérience (arrêt de la prise en charge de l'établissement, retour à la maison, aucun nouvel établissement d'accueil). Ma mère sera à même de vous expliquer cette injustice. Depuis nous sommes au même point sans aucune aide que ce soit de la part de la MDPH. Ma mère et moi-même, nous travaillons assidûment pour trouver un autre établissement qui voudrait bien prendre le temps de comprendre mon frère. Je peux vous dire que c'est très dur pour ma mère qui baisse littéralement les bras et je peux la comprendre et la soutiens pour ce combat.

•

Vous serait-il possible de m'aider à répondre aux questions qui m'ont été posées concernant l'exclusion d'usagers (en dehors des ESAT, où j'ai la réponse) pour les établissements tels que MAS, FAM etc.
Questions : Un établissement peut-il prendre seul la décision d'exclure un usager sans l'accord de la MDPH ou le Conseil de la vie Sociale ?
L'établissement doit-il trouver un autre établissement d'accueil avant l'exclusion ?

•

Mon frère est Autiste et handicapé à 80 %. J'aimerais avoir des conseils, si possible, pour sa situation actuelle. Il est depuis 15 ans dans un Foyer occupationnel (le jardinage est son activité à plein-temps). Tout se passait assez bien jusqu'à maintenant mais, depuis quelques mois, il devient plus violent envers ses éducateurs et autres occupants.

Le Foyer l'a renvoyé chez mes parents quelques jours.

J'aimerais savoir dans le cas d'un renvoi définitif quelles seront les options pour l'orientation de mon frère...

Pourra-t-il retrouver un établissement ? Le Foyer a déménagé, vidé sa chambre.

Mes parents me disent que cela pourrait être un hôpital psychiatrique.

Peut-on trouver un autre foyer ?

Il y a aussi des établissements qui cherchent des solutions pour leurs résidents lorsque leur prise en charge n'est plus adaptée à l'évolution du handicap de la personne.

Afin de nous apporter un avis éclairé, nous vous exposons la situation d'un jeune homme de 21 ans actuellement accueilli au sein de notre FAM.

Nous recherchons des solutions et venons à ce titre vers vous pour recueillir vos conseils.

Notre structure rencontre des difficultés récurrentes pour la prise en charge de cette personne. Cette dernière présente un comportement difficilement canalisable qui nécessiterait un accueil plus « individualisé ». Ce jeune souffre d'une déficience intellectuelle profonde et a besoin d'une surveillance constante afin de veiller à sa sécurité et celle des autres (résidents et personnels soignants).

Il est diagnostiqué épileptique avec troubles autistiques (non diagnostiqués). Il se montre opposant, provocateur et refuse toutes frustrations. Cependant, il est à noter, qu'il a des capacités d'évolution et peut comprendre et retenir certains éléments.

Merci de votre aide pour une prise en charge plus adaptée pour ce jeune homme.

●

Mon fils n'a plus de prise en charge dans un établissement spécialisé. L'IME qui l'accueillait a suspendu la prise en charge sans lui proposer une solution de remplacement.

A-t-on le droit de faire cela ? Il se retrouve à la maison. Nous sommes étonnés que le chauffeur de taxi qui véhicule notre fils entre la maison et l'IME ait été chargé de transmettre le courrier nous annonçant la suspension de la prise en charge.

Cellules de gestion des situations critiques vouées à l'échec... par manque de solutions à proposer. On s'en doutait dès le départ !

Face à la pression médiatique, le gouvernement s'était engagé à mettre en place des cellules de gestion des situations critiques, notamment par le biais du numéro 3977.

Finalement, c'était une annonce pour « endormir » les familles en difficulté pour trouver une place d'accueil dans un établissement spécialisé en France.
(Nous disons bien en France.)

Pas de places d'accueil, pas de gestions possibles des solutions critiques.
Et là, on peut mettre tout le monde d'accord. Ce problème ne date pas de cette année, ni de l'année précédente.
Les gouvernements, quelle que soit leur couleur politique, ne se sont pas occupés suffisamment du problème.
Les grandes associations n'ont pas fait entendre clairement leur voix devant l'étendue du désastre.

À force d'être près des Ministres successifs, elles ont fini par perdre de leur force à revendiquer comme si les problèmes ne remontaient plus au sommet de leur hiérarchie, si importante à leurs yeux.

Pourtant toutes se revendiquent « associations de parents ».

Mais les parents dans tout cela, que deviennent-ils ?

En Belgique, continuent à se créer (ou à s'agrandir) des établissements pour les Français comme si les gouvernements, de gauche, de droite, du centre... et d'ailleurs, préféraient financer de nouvelles places dans des établissements en Belgique.

La qualité de la prise en charge de nos enfants et adultes handicapés n'est pas leur objectif principal.

Il faut économiser !

Et les parents, doivent-ils accepter de continuer à vivre ainsi ?

CHAPITRE 5.

L'exil des personnes handicapées françaises en Belgique par manque de places en France.

Est-il normal qu'un pays comme la France ne puisse pas assurer l'accueil de ses enfants et adultes handicapés mentaux ?

Est-il normal que des centaines de personnes handicapées mentales soient obligées de partir en Belgique ?

Est-il normal que de nombreuses familles n'aient pas d'autres choix que "l'exil" pour leurs enfants et adultes ?

Non, ce n'est pas normal ! Mais honteux !

•

Ma fille est actuellement âgée de 27 ans.

Elle est en structure en Belgique depuis l'âge de 11 ans, faute de places en France.

La France est défaillante.

Plusieurs milliers de personnes handicapées françaises sont « exilées » en Belgique. 40 % viennent de la région Nord-Pas-de-Calais. Ce chiffre ne prend pas en compte les jeunes français suivis dans l'enseignement spécialisé. Ils sont estimés environ à quelques centaines. Beaucoup de ces jeunes viennent de la région parisienne et de celle du Nord Pas-de-Calais.

Cette situation dure depuis les années soixante en s'amplifiant d'années en années.

Les établissements belges qui accueillent les personnes handicapées françaises sont situés à proximité de la frontière. Dans certains établissements, 70 % de l'effectif accueilli sont constitués par des Français.

Les établissements belges accueillant des enfants français sont conventionnés par l'assurance maladie française ou par les Conseils Généraux.

Les caractéristiques administratives des prises en charge en Belgique sont pratiquement identiques à celles en France mais les placements en Belgique sont en moyenne beaucoup moins onéreux qu'en France.

Cette donnée a-t-elle joué dans le retard de créations d'établissements spécialisés ?

En comparant les prix de journée entre la France et la Belgique, on peut se demander s'il y a volonté de faire des économies.

La réglementation française est plus stricte pour ouvrir un établissement spécialisé.

Construire une structure en Belgique revient nettement moins cher qu'en France. L'amortissement s'en ressent.

La Belgique, quand on ne peut plus faire autrement.

La Belgique, quand la France est défaillante et que les parents se sentent bien seuls.

Pouvez-vous me faire parvenir la liste des organismes aussi bien en France qu'à l'étranger pouvant accueillir un adulte handicapé en Foyer occupationnel ou en Foyer de Vie ?

•

Je fais suite à notre conversation téléphonique de ce jour pour vous confirmer mon souhait d'avoir un avis ou des échos sur la qualité de la prise en charge en internat des adolescents au centre C de Belgique.

En effet, une visite nous a été proposée en début de semaine prochaine, et à laquelle nous comptons nous rendre, suite à un dossier envoyé par....

Notre enfant a de nombreux troubles du spectre autistique et de nature neuro développementaux notamment un TDAH (trouble du déficit de l'attention) sévère, un trouble des interactions sociales et une forte dyspraxie.

Actuellement, notre fils est scolarisé en ULIS (Unité Localisée d'Inclusion Scolaire) dans un collège à G. La prise en charge y très bonne mais la gestion des débordements quotidiens à l'extérieur et notamment à la maison met constamment en péril ce type de prise en charge.

Notre enfant a besoin d'être sans cesse encadré et supervisé.

J'ai rempli cette fonction pendant des années (j'ai même cessé mon activité professionnelle pour ce faire) mais je n'ai actuellement plus les ressources intérieures pour gérer seule la situation qui est souvent intenable.

Nous avons, en vain, essayé de trouver un lieu d'accueil de semaine structurant à côté de chez nous pour ne pas complètement couper les liens avec la maison et l'environnement de notre enfant et pour nous permettre de garder un œil sur la prise en charge et l'évolution de notre enfant. La MDPH n'a pas de propositions à nous faire hormis la Belgique. Nous sommes très ambivalents concernant la Belgique. Pouvez-vous me donner votre avis ?

●

Un jeune homme handicapé se fait soigner en Belgique dans une institution pour adultes.

Pour une raison x, les choses se passent mal et il revient en France.

Comme il n'y a aucun contrôle sanitaire de son état, aucun suivi de son dossier depuis la France vers la Belgique au cours de cette période, lors de son retour, ce jeune homme n'a plus aucun dossier en France : il n'a plus d'existence ! Il faudrait pouvoir réclamer un suivi au-delà des frontières et informer les parents. Est-ce un cas général ?

•

Faute de trouver une solution dans le département, je désire me tourner vers la Belgique, car je peux obtenir une mutation à R, même si cela signifie une séparation avec la famille.

Seulement, l'établissement, dont les coordonnées m'ont été transmises par une assistante sociale, vient de m'informer que faute de contrat avec mon département, ils ne peuvent donner suite à ma demande. Je ne connais pas encore le résultat de ma demande de financement par le Conseil Général. J'ai besoin d'une liste d'établissements en Belgique, ce serait fort aimable si vous pouviez m'en transmettre une SVP ? Peut-être pouvez-vous aussi m'indiquer les moyens de contourner le problème lié au financement par le Conseil Général de mon département ? J'ai obtenu des listes d'établissements en France, mais n'y figurent pas les projets de création, seule chance pour moi d'obtenir une place en déposant un dossier à l'avance.

Peut-être en avez-vous une SVP ?

Le prix de journée des établissements belges est inférieur de 30 % au prix moyen en France.

Mon fils autiste est pris en charge depuis un peu plus d'un an dans un centre en Belgique.

Le siège social est situé à A. Le prix de journée est réglé par la Sécurité sociale. Il est également astreint au paiement du forfait journalier. Je souhaiterais avoir le détail de la convention qui lie la Sécurité sociale française et la région wallonne qui accueille nos enfants car je suis, de temps en temps, perplexe devant certaines facturations. Sur internet je n'ai trouvé que les grandes lignes de la convention. Je ne souhaite pas, pour l'instant, demander directement au centre. Pourriez-vous, si vous en possédez un exemplaire, m'en faire parvenir une copie, et si non me dire vers quels interlocuteurs me tourner ?

●

Pouvez-vous me dire si mon enfant qui vient (à mon grand regret) d'entrer en MAS en Belgique devra payer le forfait journalier car la sécu a un accord avec la Belgique. Je n'arrive pas à savoir.

Il n'y a pas d'âge pour aller en Belgique.

Je ne comprends pas pourquoi on nous propose que la Belgique sous prétexte qu'il n'y a pas assez de structures en France. A croire qu'ils font tout pour se débarrasser de ces enfants (difficiles) pour faire des places libres dans leurs IME.

A la Maison, certaines situations sont difficiles, souvent pour la fratrie.

Mon enfant de 11 ans est en IME. Comme cela devient de plus en plus difficile à la maison, on a demandé une structure en internat. L'assistante sociale n'a trouvé que des places en Belgique. Mon enfant doit faire son adaptation très prochainement à la F qui dépend de E.
Je ne sais pas si j'ai fait le bon choix. Par ailleurs, cela m'a été plus ou moins imposé vu qu'il n'y a pas de structure en France.
Mon mari et moi, on se sent seuls dans cette galère.

●

J'ai découvert votre association qui est très intéressante et surtout votre action sans langue de bois. Je suis la maman d'un jeune autiste de 14 ans non verbal et pour lequel, faute de prise en charge adéquate en Région parisienne, je voudrais le placer en Belgique. C'est ce que me conseille la MDPH notamment. Ayant refusé de tout temps tous types de prise en charge psychanalytique, j'ai moi-même été son éducatrice avec formation et conseils suivis par des pros.

Sa présence à la maison devient bien lourde à gérer avec le temps au quotidien, surtout pour sa sœur. J'aimerais savoir si vous pourriez me communiquer, d'après votre expérience, des noms d'établissements auxquels je pourrais confier mon fils en toute confiance.

D'autre part, est-il vrai qu'après le placement, l'AEEH me sera supprimée ?

Si oui, pouvez m'expliquer en détail. Cette allocation est pour moi la principale ressource familiale puisque je suis seule. Merci de m'éclairer en la matière.

Connaissez-vous d'autres familles, associations que je pourrais contacter par mails ou au téléphone qui puissent m'aider avec leur expérience ?

Merci d'avance pour toute votre aide.

La Belgique, même si ce n'est pas loin, ce n'est pas logique. Surtout, lorsque l'on habite un pays comme la France. Alors l'idée, la volonté de le faire « revenir au pays » est toujours présente.

Je suis la maman d'un jeune Trisomique avec traits autistiques de 19 ans scolarisé en Belgique. Nous voulons son retour en France près de sa famille. Nous habitons dans la région parisienne. Depuis 20... J'ai commencé mes recherches pour un établissement pour adultes et souvent les établissements m'ont répondu que mon fils était trop jeune.

Alors j'ai suspendu mes recherches puis j'ai repris celles-ci à ses quasi 19 ans.

Et là :

- pas de places,

- les établissements en dehors de mon département répondent qu'ils n'ont pas de places pour des personnes qui ne font pas partie de leur département. Je cherche un Foyer d'Accueil Médicalisé ou une Maison d'Accueil Spécialisé.

Je suis assez désemparée.

Je n'ai aucun soutien dans mes recherches : ni MDPH, ni CCAS, ni APEI ne m'aident.

J'ai écrit au Maire de ma Ville et au Président du Conseil Général de mon département pour leur faire part de notre situation urgente : j'attends leur réponse.
Nous sommes ouverts à toutes aides.

Ce sont les enfants et les adultes les plus lourdement handicapés, surtout s'ils ont des troubles associés du comportement à leur handicap, qui ne trouvent pas de places en France. Leurs parents ont tous « croisé » dans leurs recherches la voie de l'accueil belge, et pas seulement ceux du Nord de la France, mais aussi ceux habitant dans des départements bien au sud de la Loire.

Ma fille est une jeune adulte en situation de handicap mental. Elle était depuis moins d'un an dans un foyer de vie à D. Depuis quelques semaines, elle est revenue à la maison.
La structure n'est pas adaptée à son handicap. Il n'arrive pas à gérer ses crises et son comportement. Depuis cette date, elle est à la maison. Suite à cette situation, et n'ayant aucune aide, sa sœur âgée de 17 ans a arrêté sa scolarité. Elle prend des cours par correspondance, pour pouvoir la garder à la maison, pour que je ne perde pas mon emploi et mon logement. Aucune solution ne nous est proposée, pas de place en foyer.

Notre situation devient critique. Sans structure d'accueil,
ma fille s'enfonce de plus en plus dans ses obsessions, et
malgré tous nos efforts, nous restons désarmées face à ses
angoisses qui sont aussi les nôtres. On m'a conseillé de
chercher une place en Belgique. On nous a dit que, là-bas,
il y a beaucoup de centres et qu'ils savent bien s'occuper de
personnes comme ma fille.
Je trouve que c'est se débarrasser facilement du problème.
De la voir partir là-bas me fait peur. Je n'ai aucune vision
réelle de ce qui se passe dans les Foyers de vie en Belgique
et sur la prise en charge. Quel centre est vraiment sûr ?
J'ai peur des maltraitances !
Pour moi la Belgique c'est loin, mais je ne vais plus avoir
vraiment le choix. Vers qui se tourner ?

Avec tout ce que l'on entend sur les établissements belges,
on aimerait être sûr du choix. Du moins, un peu.

J'agis en qualité de tutrice auprès d'une personne
handicapée psychique et physique.
Ne trouvant pas de place en France, je fais des recherches
pour la Belgique car je ne sais pas quelles sont les
démarches et je suis tombée sur votre site, fort intéressant.
Je souhaitais savoir si vous connaissiez des établissements
« ayant bonne réputation »

●

Est-ce que vous disposez d'informations concernant deux établissements belges : l'E. et le S ? Merci pour votre retour.

●

Je vous envoie les dernières informations que j'ai pu avoir concernant l'U. En théorie, après la ratification définitive de l'accord-cadre franco wallon, les choses devraient évoluer dans tous les établissements dits "usines à français" puisque le taux d'encadrement devrait augmenter et des contrôles devraient être mis en place.

A ce propos, les associations françaises représentant les familles devraient pouvoir être intégrées dans le processus de contrôle. Comme vous le savez, quand un établissement dysfonctionne, il faut du temps pour que cela s'améliore.

Il est donc difficile de conseiller ces établissements car il y en a d'autres.

Si je peux me permettre, il n'est pas normal que les familles françaises aient si peu d'aide en France (sans même parler du manque d'établissements), qu'elles se voient obligées d'accepter de laisser un enfant jeune à des centaines de km de chez elles.

Il y aurait peut-être un sujet à tenter de régler, au moins en partie par les associations.

*Tous les départements disent proposer des tas de solutions
(hors établissements).*
Où sont-elles ?
*Les demandes affluent par centaines tous les mois vers la
Belgique qui est déjà à saturation !*
Que va-t-il se passer ensuite ?

Par rapport à ce qu'elles ont connu en France, certaines familles sont satisfaites de l'accueil en Belgique. Nous ne disons pas que tous les établissements belges sont mauvais et ne pensent qu'à faire des bénéfices, nous disons cependant qu'il en existe.

Il y a de très bons établissements en Belgique mais tous les établissements qui accueillent les Français ne sont pas tous bons.

La France a beau avoir signé un accord dernièrement avec la région wallonne pour contrôler ces établissements, nous sommes quand même perplexes devant cette situation de personnes handicapées françaises exilées en Belgique.

Nous employons le mot « perplexe » pour rester mesurer.

*J'ai pu éclaircir certains points administratifs avec
le centre. Pour ce qui est de la prise en charge de mon fils,
je ne peux que louer l'équipe qui s'en occupe. Mon fils m'est
apparu détendu et très "présent". Il sortait, faute de
centres en France, d'un très et trop long séjour en hôpital*

psychiatrique où, très malheureusement, "ils" ne font que du gardiennage et de la distribution de psychotropes.

Alors merci la Belgique pour sa prise en charge intelligente des personnes Handicapées en général et des autistes en particulier avec des personnes réellement formées qui ne psychiatrisent pas à tout va. Je reste demandeuse de la convention et des renseignements que vous pourriez me fournir. Les choses vont mieux lorsque l'on est bien informé. Pour autant, je ne veux pas donner au centre qui accueille mon fils une impression de défiance d'autant plus que tout semble se passer à merveille pour lui.

Quelle est l'égalité des droits quand on doit trouver refuge en Belgique parce qu'on a essuyé des dizaines de refus en France ?

Je me trouve dans cette situation, où depuis son plus jeune âge, ils ont voulu envoyer mon enfant en Belgique. Aujourd'hui ils persistent car ne trouvant pas de lieu de vie, pour elle qui a 20ans.
Ils font faire des stages et après il ne se passe rien.
Je suis fatiguée de ses « va et vient ».
Merci de prendre acte.

•

Je suis assistante sociale au sein de la structure T et je me permets de vous écrire afin de savoir si vous auriez la possibilité de me transmettre la liste des établissements MAS accessibles aux Français. N'arrivant pas à trouver une place pour l'une de nos patientes, je pense que nous devons nous tourner vers la Belgique.

•

Les établissements belges, sont-ils obligés de donner aux parents leur règlement intérieur ?

•

Est-ce une atteinte à la liberté que de ne pas pouvoir voir son fils quand on le désire ?
Chaque établissement doit avoir un Règlement d'Ordre Intérieur (ROI) et, en effet, il doit être remis aux familles lors de la signature de la convention.

•

Mon frère a un peu moins de cinquante ans. Il a séjourné en hôpital psychiatrique dans la région parisienne avant une orientation dans cet établissement en Belgique, faute de place en France. Maman ne peut plus s'en occuper. Il a des moments difficiles de violence à canaliser. Il ne rentre plus au domicile de Maman.

Maman culpabilisée va le voir tous les quinze jours. Les séparations après chaque visite sont difficiles (crise d'angoisse et larmes). L'administration de l'établissement réagit en lui disant que maintenant les visites auraient lieu qu'une fois par pas mois (et que c'était ainsi dans cet établissement).

Maman n'a pas eu de règlement intérieur. Nous avons écrit au Ministre sur ce sujet pour dénoncer ces pratiques que nous considérons comme une atteinte à la liberté.

Connaissez-vous cet établissement ? Est-il d'usage de remettre un règlement intérieur aux familles ?

Vraiment pas le choix !

Je viens de consulter votre site concernant l'hébergement de jeunes personnes en hôpitaux psychiatrique en BELGIQUE.

Ma fille V est atteinte d'une psychose de la petite enfance. Elle perçoit l'allocation adulte handicapée. Son taux de handicap est de 50 %.

Elle ne peut pas travailler.

Elle est bourrée de médicaments ! Aucun foyer ne peut la prendre en séjour continu.

Elle m'a parlé de ces hébergements en BELGIQUE.

Pourriez-vous m'orienter sur cette option ?

•

Je suis la maman d'une fille handicapée mentale de 17 ans. L'assistante sociale qui me suit vous a déjà contacté à mon sujet. Je vis seule avec ma fille qui est dans un établissement (externat).

Je me suis battue pour mettre un transport en place. Le vendredi passé ma fille a fait une crise et elle a cassé le carreau du bus.

Du coup le chauffeur ne veut plus venir la prendre. Que dois-je faire ?

Je travaille quatre heures par jour, et je dois aller la déposer le matin à 9 heures, pour la récupérer à 16 heures. Étant seule avec elle, je ne sais plus quoi faire.

J'ai longtemps hésité de voir du côté de la BELGIQUE mais, je pense que je n'ai plus de choix, car si tout va bien je commence une formation prochainement. Je me suis permis de vous écrire, au cas où vous aurez des idées ou des propositions à me faire.

•

Mon fils âgé de 21ans ne trouve pas d'institution pour le prendre en charge en France.

Le seul endroit où l'on pourrait lui trouver une place c'est en Belgique, nous dit-on.

Il n'existe rien en France pour des jeunes « borderline ».

Mon fils souffre de troubles du comportement. Il ne supporte pas les frustrations, n'obéit pas aux règles, transgresse la loi, se met en danger. Il est très vulnérable. Il vit chez nous et n'a aucune occupation suivie. Toutes les portes lui sont fermées… L'envoyer en Belgique, mais dans quelle institution ?

Nous, les parents, sommes perdus. Qui pourrait nous aider, nous orienter dans le choix d'une institution Belge ?

Certaines familles déménagent pour « diminuer » l'exil imposé à leur enfant

Après presque 10 ans sans établissement, puis 1 an et demi dans un Foyer Belge, mon fils, âgé de 27 ans, est depuis 2 ans hospitalisé en psychiatrie. J'ai, durant 4 ans, accepté de travailler dans la région Nord (double logement, aller-retour TGV tous les 15 jours, séparation avec ma famille).

Sans nous laisser le temps de rechercher la nouvelle orientation en MAS, l'hôpital veut de nouveau l'orienter en

Belgique, mais sans tenir compte de nos exigences (en connaissance de cause).

Nous désirons vraiment le bonheur de notre fils, mais nous voulons un placement en France pour être plus sereins. Nous sommes prêts à déménager s'il le faut. Pour les Belges, nous sommes des clients, pas des patients....et dans un souci de rentabilité et en cas de retard de paiement (que vous évoquez d'ailleurs sur votre site), nous ne sommes pas sûrs d'un placement à long terme.

Je tiens tout de même à saluer l'équipe qui a accueilli mon fils durant un 1 an et demi.

Il a été heureux avec eux.

Quel est l'organisme en France qui répertorie les places disponibles en MAS ?

Est-ce qu'il en existe un au moins ?

•

Comment avoir les adresses des centres en Belgique SVP, j'ai établi 350 demandes pour un Foyer en France mais les réponses sont négatives. Je me décide donc à quitter la France pour suivre ma fille si c'est nécessaire. Merci de votre coup de main.

•

Je ne trouve pas de place pour mon fils handicapé en France. Pouvez-vous m'envoyer des documents pour la Belgique ?

L'insuffisance de places dans l'enseignement spécialisé en France fait que plusieurs centaines de jeunes français sont scolarisées dans l'enseignement spécialisé belge, sans résider sur place. Ces jeunes passent la frontière tous les jours grâce à un transport financé par la France.

Il semblerait aussi plus facile pour un jeune présentant un retard scolaire d'être scolarisé en milieu ordinaire en Belgique plutôt qu'en France. Certaines familles françaises n'hésitent pas à déménager le long de la frontière pour « bénéficier » de cette facilité.

Je m'adresse à vous car je ne sais pas comment trouver des adresses de ITEP en Belgique (Centres Institut Thérapeutique, Educatif et Pédagogique). Mon fils a 15 ans et à cette orientation MDPH depuis janvier 2014, mais en France il n'y a aucune place.

Je voudrais me tourner vers les centres belges. Pourriez-vous me donner quelques adresses ?

●

Suite à notre conversation téléphonique voici mon mail. Ma fille est actuellement à la maison.

La MDPH refuse l'école avec AVS, etc. Je suis sur le point de la mettre dans un centre en Belgique, n'ayant aucune solution et subissant beaucoup de pressions...

•

Maman d'un petit garçon âgé d'un an, en situation de polyhandicap, je souhaiterais m'installer en Belgique afin que mon enfant soit prise en charge.

En France, tout est médicalisé et déshumanisé alors qu'en Belgique, ces enfants peuvent être intégrés en milieu scolaire afin de progresser, ce qui paraît logique.

Je me suis beaucoup documentée et je pense que pour l'épanouissement de mon fils, ce serait une opportunité pour nous de vivre en Belgique.

Les méthodes éducatives adoptées en Belgique semblent plus convaincantes.

La Belgique s'adapte à l'enfant.

En France, c'est l'inverse.

En Belgique, ils ont des méthodes d'avenir, très peu utilisées chez nous. Tous les parents rêvent pour leurs enfants, même handicapés, d'une école de proximité.

C'est pour cela, que je souhaite votre aide afin de m'orienter vers les structures adaptées et de m'indiquer la démarche à suivre pour venir en Belgique.

Deux types d'établissements cohabitent en Belgique : les établissements simplement « autorisés », très peu suivis, et les établissements agréés, dont les modalités de suivi et de contrôle sont similaires à celles exercées sur les établissements en France. Il est plus facile d'ouvrir un établissement en Belgique.

Je me permets de vous adresser ce mail, pour vous faire part d'un projet institutionnel visant le bien être, l'accompagnement ainsi que le suivi (médico-social) des patients français ayant recours aux structures d'accueil en Belgique.
Étant professionnel en Belgique, mon intérêt s'est porté plus particulièrement autour du cadre que pouvait offrir une institution et ainsi que son suivi proposé. Le projet est de créer pas à pas une nouvelle institution (nouvelle construction) inspirée par les attentes des familles et patients concernés. Le but est de répondre aux attentes des bénéficiaires, mais de leur permettre aussi de devenir « acteur » du projet. Une extrême bienveillance sera apportée aux normes architecturales de sécurité et des

recommandations de l'AWIPH. Pour tout renseignement, n'hésitez pas à me contacter.

En Belgique, les places ne sont pas en nombre illimité lorsqu'il faut passer d'un établissement pour enfants et adolescents à un établissement pour adultes.

Je vous contacte car mon fils est en internat spécialisé en Belgique. L'établissement estime que sa prise en charge ne peut plus être assurée.

Il a 15 ans et demi et il doit quitter cet internat le.... 2 014.

Je suis en recherche active d'un internat adapté pour lui, avec l'accord de la MDPH, réorientation faite sur 6 établissements sollicités en Belgique, 3 ont répondu par un refus.

Si d'ici le....2014, il n'y a pas d'autres solutions de sortie je ne pourrais signer le bon de sortie et le recevoir au domicile.

Ai-je le droit ? Que faire ?

Si possible, avez-vous de la visibilité pour trouver des places en IMP OU IMS le plus expressément possible en France ou en Belgique ?

Constat amer ! Mais tellement vrai.

Je viens de découvrir avec intérêt votre association.

Je suis moi-même le père d'un jeune homme malade psychique, handicapé à 80 % avec inaptitude au travail (sans déficience mentale).

Depuis plusieurs mois, il est hébergé dans un Foyer d'Accueil Médicalisé belge, Foyer occupé à 100 % par des Français.

Il y a, par an, sept à huit retours organisés vers les familles, et mon fils souffre bien évidemment (entre autres) de l'éloignement de sa famille.

Je me reconnais très largement dans les préoccupations qui sont évoquées sur le site, concernant la situation des adultes handicapés hébergés en Belgique.

Le rapport GALLEZ posait, dès 2008, le problème de manière très pertinente. Depuis, rien n'a changé, si ce n'est que la politique d'exil vers la Belgique, encouragée par les Conseils Généraux franciliens (notamment) et les hôpitaux psychiatriques, a continué de se développer, dans une totale opacité et absence de débat, et hors toutes les règles de la "démocratie sanitaire".

Mme la Ministre, dans le journal « Le Monde », se dit "choquée", comme d'autres avant elle...

Que pouvons-nous faire ?

Rupture de prise en charge même en Belgique

Alors que je suis la maman d'un adulte handicapé mental de 25 ans, je viens de découvrir l'existence de cette association qui permet aux parents d'exprimer toute leur rancœur quand ils ont à subir toutes les discriminations, l'exclusion de leur enfant handicapé.

Si mon premier enfant est atteint d'une « maladie rare », compte tenu du fait que son handicap entraîne une grande sociabilité, j'ai certes toujours été confrontée au « parcours du combattant » pour pouvoir l'intégrer, pour qu'il puisse prétendre à une vie sociale, pour trouver des structures. Et pourtant.

Je n'avais nullement imaginé que ce que je vivais pouvait s'avérer encore plus difficile.

J'ai un second enfant âgé aujourd'hui de 15 ans qui lui n'est pas diagnostiqué (retard mental), ne parle pas, peut avoir des problèmes de comportement (principalement liés à l'absence de communication verbale).

Je ne suis pas parvenue à le faire intégrer en maternelle. Il est allé ensuite en IME à l'âge de 6 ans (quelle chance). J'avais trouvé une place et il a progressé certes mais l'absence de moyens financiers toujours avancés fait que ces établissements n'ont que très peu de thérapeutes.

Il est donc nécessaire de consulter une orthophoniste en libéral.

Je ne souhaite pas revenir sur tout le parcours de mon fils mais aujourd'hui, je suis confrontée à une difficulté dont *j'avais certes entendu parler depuis de nombreuses années mais qui ne m'avait pas directement touchée.*

Celle de se retrouver sans structure.

Mon fils a, comme beaucoup d'autres, été orienté vers la Belgique. Les réponses négatives des établissements de la Région Parisienne portaient principalement sur la difficulté du transport entre l'établissement et le domicile. Il a donc intégré la Belgique le 1er octobre (internat) et va dans une école attenante à l'internat. Au motif que je suis domiciliée dans la Région Parisienne, l'école s'est bien gardée de m'indiquer que, conformément à un décret belge, le parent avait le droit de demander de participer au « PIA » Projet Individuel Adapté ». Cela m'aurait permis d'expliquer à cette école quelles étaient les difficultés de mon fils et d'intervenir dans le choix de la classe, des activités qui lui étaient proposées au regard de ses capacités et des messages qu'il a su faire passer malgré son absence de langage.

Ça n'a pas été le cas et, de fait, j'ai harcelé l'école pour faire entendre les demandes faites par mon fils qui ne parle pas. Ils ont certes aménagé plusieurs emplois du temps (conformément à mes desiderata pour reprendre leurs termes) mais le problème, c'est qu'il ne s'agissait que d'un aménagement (à savoir l'intégration dans une autre classe que celle où il l'avait accueilli et dans laquelle mon fils était agressif puisqu'on lui proposait des activités en deçà de ses capacités selon moi).

L'aménagement a été fait pour une nouvelle période d'observation de 15 jours dont l'échéance était fixée au 30 novembre et ne portait que sur 2 jours par semaine. De fait, mon fils a continué à taper et le Directeur m'appelle le 28 novembre pour m'informer qu'il ne pouvait plus accueillir mon fils et que seule l'assistante sociale serait en mesure de me dire quel laps de temps était laissé pour me permettre de trouver une autre structure.

Vendredi 30 novembre, l'assistante sociale m'appelle en m'indiquant que mon fils, M, devra quitter l'école le 14 décembre suivant. Ma stupéfaction fut telle que je lui ai dit qu'on ne pouvait pas laisser un enfant sans structure d'autant que cette école sait que j'élève seule mes 2 enfants et suis donc contrainte de continuer à travailler. Mon fils adulte n'a qu'une AAH car il est dans l'impossibilité de travailler.

Sur ce, elle s'est contentée de me répondre qu'en France, le stage était beaucoup plus court et qu'à l'issue des périodes d'essais, si ceux-ci n'étaient pas concluants, le jeune quittait l'établissement le jour même. Ses propos visaient à me faire admettre que la nouvelle période d'essai étant fixée au 30 novembre, je devais m'estimer satisfaite que mon fils puisse rester dans leur école jusqu'au 14 décembre.

J'ai cru bon de devoir lui rappeler que mon fils était, avant d'intégrer leur école en Belgique, dans un EMPRO qui, certes, cherchait une autre structure avec un encadrement plus conséquent dont mon fils a besoin mais qu'à défaut de trouver une structure, une prise en charge effective continuait d'exister.

Je lui ai donc indiqué que si un établissement en France avait proposé un stage à mon fils, il n'était toutefois pas considéré comme « sortant » de l'établissement qu'il fréquentait auparavant avec l'issue définitive du stage concerné.

Or, la Belgique exige que la MDPH de notre département de résidence rende une notification d'admission au jour de l'entrée du jeune dans leur école. S'agissant d'un établissement hors de France (et toujours en rapport avec les prix de journée), il est impératif que le jeune soit déclaré « sortant » de la structure en France.

Ainsi, à défaut de trouver une structure d'ici le 14 décembre, je ne cesse de m'interroger. Comment vais-je faire ? Je ne vais pas avoir d'autre solution que d'arrêter de travailler. Comment allons-nous pouvoir vivre, garder un toit ?

Alors que j'ai interpellé la MDPH dès le 28 novembre par mail, je reste dans l'attente d'un contact de leur part.

Malgré tout cela, il n'est pas question que je fasse intégrer mon fils n'importe où et qu'on me dise « soyez contente d'avoir une place ».

Mon seul espoir est que j'ai été contacté par 2 autres établissements belges. L'un sur lequel les informations recueillies sont très partagées et vers lequel je ne souhaite pas me tourner.

Le second qui propose une prise en charge plus adaptée à mes souhaits. Je dois être appelée au milieu de cette semaine pour savoir si la place se libère et pour aller visiter la structure et me faire une opinion (en présence de mon fils bien sûr).

Cette fois, il faudra à nouveau une intégration à l'école et j'anticiperai ma participation au PIA. Maintenant que je connais les droits qui sont les miens en Belgique, même s'il me faut faire un nouvel aller-retour, je serais présente pour que mon fils ne soit pas encore pris en otage avec des aménagements à n'en plus finir qu'il a dû subir dans la précédente école belge.

Ce témoignage peut être diffusé sur ANDEPHI sans difficulté.

Je souhaite réellement m'associer à la démarche d'ANDEPHI visant à enjoindre l'État français à prendre ses responsabilités et à créer des structures permettant d'accueillir dans de bonnes conditions les enfants, jeunes et adultes handicapés.

Quand le doute s'installe, la confiance envers l'établissement diminue. Les parents connaissent bien leur enfant même devenu adulte. Pas besoin d'avoir lu des tas de livres spécialisés et savants pour ressentir que quelque chose ne va pas même si son enfant ou adulte ne parle pas.

J'ai pris connaissance de votre site il y a quelque temps déjà mais j'étais loin de penser qu'un jour je devrais vous faire part de ce qui nous arrive. Nous avons un garçon de 17 ans, S qui est épileptique, handicapé mental, trouble du comportement et du langage.

Nous pensions être très chanceux, il y a quelques mois, d'avoir obtenu une place dans un institut belge, le...

Établissement ouvert toute l'année, prise en charge pour les épileptiques, toute une équipe médicale sur place, même un neurologue. Impossible de trouver ce genre d'établissements en France. Nous étions ravis.

Retour en famille organisé toutes les trois semaines. Nous avons acheté une maison dans le Nord pour pouvoir accueillir S, car impossible pour lui de revenir toutes les trois semaines à notre domicile très éloigné de la frontière belge.

Les 7 premiers mois se sont super bien passés. S était accueilli dans un groupe très dynamique qui le tira vers le haut. S était posé, a fait des progrès au niveau du langage, correctement stabilisé pour l'épilepsie. D'ailleurs la première synthèse que nous avions eue de l'établissement était très bonne. S s'était bien intégré à son nouveau lieu de vie.

Après nous avons commencé à remarquer que S était souvent fatigué. Il a eu plus régulièrement des crises d'épilepsie d'où un comportement plus agité qui commençait à s'installer.

S était mal dans sa peau et apparemment incompris de l'équipe. La neurologue n'a eu de cesse de lui augmenter les doses de neuroleptiques pour soi-disant gérer son comportement. Au fur et à mesurer des week-ends que nous avions avec S, nous le trouvions toujours plus amaigri, très fatigué, plus d'énergie pour se promener, incapable de faire du tricycle (qu'il adorait). Il passait son temps dans le canapé et plus rien ne l'intéressait. Nous avons à plusieurs reprises interpellé la neurologue, mais rien ne l'inquiétait. Si une chose, le comportement de S l'agaçait.

À partir du mois de juillet ils ont préféré changer S de groupe car soi-disant il perturbait tout le monde et n'ont eu de cesse de le changer de groupes toute les 3 ou 4 semaines.

S n'a apparemment jamais réussi à trouver sa place ni à se poser, car il a préféré refuser de s'alimenter et refusait systématiquement toutes les activités qu'on lui proposait.

Nous avons pris la décision de le retirer de cet établissement il y a 15 jours pour raison médicale.

S a perdu plus de 12 kg, tient à peine debout, n'arrive même plus à tenir une fourchette pour manger tout seul. Il est en perte d'autonomie, épuisé, tremblant. Épilepsie complètement déréglée.

Pendant les vacances de Noël, nous nous sommes permis pour la première fois de nous plaindre et de critiquer la prise en charge de S. Tous les problèmes que nous avons soulevés avaient l'air de les étonner. Chez nous S était une loque et à l'institut soi-disant c'était un tyran. Nous avons été convoqués par le Directeur de... Un rapport lui avait été remis sur le fait que nous n'étions pas contents. Son discours fut glacial : si vous n'êtes pas contents, j'ai au moins une quinzaine de demandes par jour d'admission et je n'ai pas de temps à perdre avec un gamin qui ne sait pas se tenir à table et qui renverse tout et que nous jugeons capricieux.

S était tellement sous l'emprise de neuroleptique qu'il ne pouvait même plus s'alimenter tout seul et que si aucun éducateur ne l'aidait, il finissait par tout renverser dû à ses tremblements.

Nous sommes horrifiés de la façon dont cet établissement a géré notre fils. Les doses de neuroleptiques ont aggravé l'épilepsie et maintenant nous devons nous battre pour que S puisse retrouver son autonomie et surtout stabiliser son épilepsie. Le plus dur va être de trouver un nouvel institut en France et S n'a pas 18 ans.

Aujourd'hui nous sommes effondrés. Tiraillés par un sentiment de maltraitance.

Nous sommes envahis par la colère, la tristesse en regardant notre fils.

Faut-il porter plainte contre cet établissement ? Nous espérons être conseillés.

•

Pouvez-vous me dire si la loi belge autorise une institution belge, Maison Spécialisée pour la maladie de... où se trouve mon épouse depuis 4 ans, peut se permettre de m'interdire que je reprenne mon épouse à mon domicile en France.

Sa sortie était prévue pour le.... Ce matin, on m'a répondu directement que le juge allait m'écrire. Dites-moi s'ils ont le droit de faire cela sans me tenir informé. Merci.

L'insuffisance de l'État.

Je vous apporte quelques précisions au sujet de la prise en charge de ma fille âgée de 30 ans. Celle-ci a eu une prise en charge à minima. Atteinte de crises d'épilepsie et surtout de troubles de comportement, de retard de développement, ma fille avait besoin d'une place en Maison d'Accueil Spécialisée (1 encadrant pour 2) et elle a été en IME de 6 ans à 20 ans par manque de structures adaptées.

C'était le paradis pour elle-même si c'était l'enfer pour les éducateurs.

Les choses se sont vraiment dégradées à partir de son entrée en Foyer de Vie (1 encadrant pour 8 résidents).

La maltraitance était due à cette inadaptation de la structure.

C'est l'État qui est « maltraitant » en ne créant pas de structures adaptées en nombre suffisant. L'établissement de proximité adapté pour ma fille est à créer.

Je suis très en colère contre l'État qui a fait le choix depuis 50 ans de créer peu d'établissements et de choisir l'exil des personnes handicapées vers la Belgique.

J'ai été déclarée aidante familiale par la MDPH et le Conseil Général de mon département suite à son hospitalisation en milieu psychiatrique de deux mois. Ma fille a fait des progrès miraculeux depuis (paroles communication).

J'ai inclus ma fille dans ma vie courante. Elle aime faire de la cuisine, boire du café et du coca (addiction), chanter, faire les commissions, prendre des bains, boire de la tisane...

Des exemples de créations d'établissements en Belgique « profitant de la pénurie de places d'accueil en France.

Ouverture prochaine d'un centre pour adultes souffrant de handicap mental léger à modéré associé à des troubles du comportement, ou trisomique. Un centre d'hébergement appelé « XXXX » devrait ouvrir ses portes dans quelques mois dans les Ardennes belges. Cette structure se situe à environ 20 minutes de R.

Elle pourra accueillir au maximum 30 personnes. L'agence wallonne pour l'intégration des personnes handicapée exercera un contrôle sur le fonctionnement de la structure et délivre tous les trois ans une autorisation de prise en charge. Le centre offrira la possibilité à ses résidents de réaliser diverses activités : activités extérieures : bowling, piscine, ferme pédagogique, équitation, shopping, sport en salle...

Activité intérieure : peinture, jeu de rôle, théâtre, jeu de société atelier de lecture et écriture... Le tarif de journée est de...€ et comprend tous les frais du quotidien en dehors des frais exceptionnels ou accidentels.

Son financement est à voir avec le Conseil Général de votre département et/ou les CPAM de qui dépend la personne nécessitent ce type de placement.

Une équipe pluridisciplinaire sera mise en place pour le bien être de chaque hébergé. (Médecin, infirmière, éducateur, cuisinier, technicienne de surface, direction...) Des retours en famille seront organisés et pris en charge par la maison à raison de 10 par an (période de vacances). Bien entendu, les familles sont toujours les bienvenues dans le centre à condition de prévenir quelques jours au préalable pour des raisons d'organisation. Les hébergés peuvent également retourner en famille en dehors des périodes prévues mais à charge de la famille cette fois.

Pour plus de renseignement, n'hésitez pas à me contacter :..................................

●

L'établissement B. M.A.S se fait un plaisir de vous annoncer la disponibilité de 4 nouveaux lits pour adultes souffrant de handicaps mentaux. www...... Tel..............

●

Madame, Monsieur,

Je me permets de contacter votre association dans le cadre de l'ouverture prochaine d'un service résidentiel pour personnes handicapées adultes en Belgique. Celui-ci se verra agréer par l'AWIPH (agence wallonne d'intégration de la personne handicapée) et sera amené à accueillir une vingtaine de personnes à déficience mentale. Auriez-vous l'amabilité de nous faire savoir si des personnes handicapées souscrites à votre association pourraient bénéficier de cette nouvelle structure adaptée ? Si demandeur il y a, l'équipe éducative se fera le plaisir de vous communiquer le projet pédagogique qui vous expliquera en détail le contenu de la prise en charge du bénéficiaire. Cordialement. L'équipe éducative......@..........

•

Notre ABSL désirerait ouvrir une école de devoirs pour enfants avec déficience intellectuelle de 6 à 18 ans dans le K.
Quels sont les parents qui seraient intéressés ?
Le samedi, nous voudrions ouvrir une structure halte-répit.
Merci de diffuser ce message aux parents. Bien à vous. ASBL....................
........@.................. Tel...........

•

Situé aux confins orientaux de la province du J (Belgique), le Centre AA est un Service Résidentiel pour personnes Adultes (SRA) présentant une déficience mentale sévère ou profonde nécessitant éventuellement des soins de nursing.

Notre institution est agréée et subventionnée par l'Agence Wallonne pour l'Intégration de la Personne Handicapée (AWIPH) pour accueillir 64 personnes adultes déficientes mentales, des deux sexes, dont 54 bénéficiaires des prestations de l'AWIPH et 10 hors prestations de l'AWIPH. A l'heure de l'Europe, il nous faut élargir nos frontières, ouvrir nos portes !

Disposant actuellement d'une possibilité d'accueil immédiat et de 9 autres dans un avenir relativement proche, nous vous invitons à partager, avec nous, notre projet d'agrandissement !

Si vous êtes à la recherche d'une institution d'hébergement belge offrant une prise en charge de qualité, dans un environnement adapté, et proposant un panel d'activités variées, contactez-nous...

Vous pouvez nous découvrir par le biais de notre site Internet : www....

Nous restons à votre entière disposition pour toute information par téléphone.

D'ores et déjà, nous vous souhaitons une excellente lecture et vous remercions de l'attention que vous voudrez bien nous accorder.

Pour le Centre de AAA...

CHAPITRE 6.

La vie dans les établissements

L'avis des parents et la prise en charge de leurs enfants, adolescents et adultes dans les établissements spécialisés.

La prise en compte de l'avis des parents et des tuteurs dans la prise en charge des enfants, adolescents et adultes dans les établissements spécialisés, est un élément incontournable pour garantir le bon fonctionnement d'un établissement. Elle permet d'agir et d'amplifier les efforts dans le domaine de la prévention des violences institutionnelles.

Un établissement spécialisé qui négligerait l'avis des parents et des tuteurs s'enfermerait progressivement sur lui-même en refusant de prendre en compte ce que les parents savent.

Nul ne peut nier le savoir acquis, sur le terrain, des parents.

Il peut paraître différent de celui des professionnels mais il est en fait complémentaire.

Certes, les parents ont tendance à raisonner à l'échelle de l'individuel, et c'est bien légitime, mais raisonner uniquement dans la globalité, pour le plus grand nombre, peut fausser le jugement d'une prise en charge qui doit être propre à chaque personne handicapée.

Les parents participent-ils vraiment à la vie des établissements ?

Avec tous les retours des internautes qui nous écrivent sur ce sujet, nous pouvons affirmer que non.

Participer à la vie des établissements spécialisés, ce n'est pas faire uniquement un gâteau pour la fête de l'établissement ou de trouver des lots pour la tombola.
De fait, les parents auront tendance à se mettre à l'écart, à s'éloigner, à s'inquiéter.

Certes les établissements qui ne dialoguent pas avec les familles « gagnent » en tranquillité, bien contents de ne pas avoir « sur le dos » les parents parfois, reconnaissons-le, excessifs.

En se repliant sur eux-mêmes, ces établissements favorisent progressivement les dysfonctionnements. La méfiance s'installera.

Un certain nombre « d'affaires » est apparu, ces derniers mois, dans la presse, ayant eu comme conséquence, d'une part, de faire une réputation fausse à l'ensemble des établissements spécialisés, et d'autre part, d'augmenter la culpabilité des parents qui laissent leurs enfants dans ces structures.

Le regard de l'entourage a été interrogateur.
Tous les établissements sont-ils comme ceux montrés à la télévision ? Comment pouvez-vous laisser votre enfant ou adulte ainsi ?

Réputation fausse car la grande majorité des établissements fonctionne correctement, voire de manière satisfaisante. Le personnel travaille avec sérieux et réflexions.

Cependant, nier aussi qu'un certain nombre d'établissements spécialisés pose ou a posé problème, suite à des dysfonctionnements parfois importants et graves, ne serait pas objectif.

L'État est quasi absent des établissements spécialisés ne menant pas de contrôles rigoureux et réguliers. Il faut vraiment que ce « qui ne va pas » soit important pour qu'il y ait une inspection.

Et il en sera, longtemps, toujours ainsi.

La peur, le découragement, le manque important de places et la crainte de perdre son emploi pour les professionnels font que, dans ce domaine-là, l'amélioration sera lente.

Alors qui d'autres que l'État et les collectivités peuvent intervenir préventivement pour aller vers la bientraitance.

Ce qui fait « tourner » les associations, c'est l'argent public.

Le droit de regard est légitime et bénéfique.

Légitime et bénéfique pour tous les professionnels qui, dans leur très grande majorité, s'occupent de nos enfants et adultes avec beaucoup d'attention et de sérieux.

Légitime et bénéfique pour les parents qui pourraient croire un peu plus que les établissements spécialisés sont comme une seconde maison pour leur enfant ou adulte.

« Comme une deuxième Maison ».

Où habite légalement notre enfant devenu adulte lorsqu'il est en internat ?

En ce qui concerne l'adresse d'un résident d'un établissement spécialisé, celle-ci peut être celle de l'établissement. Ce n'est pas une obligation. Si ce choix est fait, il faut noter des modifications au niveau de l'imposition car les parents ne peuvent plus le compter dans leur déclaration.

Autant garder l'adresse du domicile familial. Cela peut avoir une incidence.

Financièrement, c'est important.

La condition pour toucher l'AAH est de résider en France ou d'avoir une résidence de secours sur le territoire français.

Les personnes avec handicap accueillies notamment en Belgique sont dispensées de cette condition car leur résidence de secours est toujours le dernier lieu habité en France, ce qui permet à la MDPH de cette résidence de secours de prendre les décisions et c'est ce qui permet également aussi à la CAF, CPAM, et au CG d'effectuer les

paiements comme si la personne était prise en charge en France. La résidence de secours s'acquiert après 3 mois de résidence dans un département français.
Cette notion s'applique aussi en France.

●

Dans le Foyer de Vie de notre enfant, l'application du financement suivant le principe du prix de journée entraîne des incompréhensions de la part des parents qui se sentent contraints de subir la rigidité d'une telle règle. N'en doutons pas, cela crée des tensions avec l'administration du Foyer. La relation Parents Professionnels est parfois « délicate ». La direction du Foyer de Vie raisonne pour le plus grand nombre et elle est, avant tout, soucieuse de respecter les textes qui régissent le financement des Foyers. Pourtant, alors que l'on entend que le Foyer de Vie doit être comme une « seconde maison » pour le résident, la liberté de retour « à la première maison » est sujette à des contraintes relativement sévères. Les parents ne peuvent pas « prendre » leur enfant comme ils le souhaitent. Il faut supplier pour obtenir une sortie exceptionnelle.

Le passage d'un établissement pour enfants et adolescents vers un établissement pour adultes est un passage incontournable. À partir de 18 ou 20 ans, impossible pour nos enfants d'y échapper. Les années suivent leur cours. Même si, pour nous parents, du fait de leur retard, nous avons, un peu à tort, l'impression que nos enfants handicapés ne changent pas.

Et pourtant, c'est certain, ils changent.

Les parents aussi vieillissent.

Les années ont passé depuis l'annonce du handicap.

Beaucoup d'énergie a été brûlée pour arriver à cet âge. Ce changement oblige à faire le point des années passées, des forces qui se sont épuisées, de ce que l'on a ressenti, de ce que l'on pressent pour les années à venir.

Quelle que soit la gravité du handicap de son enfant, troubles du comportement ou non, cellule familiale « esquintée » ou encore « tonique », tous les parents se posent la « grande question », celle qui revient continuellement comme la douleur d'une blessure qui ne se cicatrise pas, lancinante :

« Que deviendront nos enfants handicapés lorsque, nous parents, nous ne serons plus là ? »

La difficulté à trouver un établissement, le fait que l'on ne peut pas obliger la fratrie à prendre le relais des parents et les incertitudes de l'évolution du handicap lorsque son enfant vieillira, incitent les parents, à une très forte majorité, à choisir la formule de l'internat en établissement pour adultes.

Et ce n'est pas sans inquiétudes.

Pendant les années passées en établissement pour enfants et adolescents, c'est le contraire. La plupart des enfants accueillis le sont en externat avec le repas pris le midi sur place.

Quel changement dans l'organisation !

« L'enfant adulte » devenu résident d'une structure échappe progressivement à ses parents. Du moins, c'est ce que les familles ressentent pratiquement toutes.

Impossible pour elles de contester, voire tout simplement de poser des questions.

Je n'ai jamais signé le règlement intérieur de l'établissement où est mon fils. Est-ce normal ?

•

L'accès aux modalités de fonctionnement des M.A.S. est quasi impossible aux parents : c'est très mal vu de vouloir se renseigner sur le fonctionnement et les parents renoncent.

•

Le mercredi 17 août dernier, Madame D avait rendez-vous avec la directrice du Foyer de vie dans lequel réside sa fille.

N'ayant personne pour l'assister, je me suis proposée pour cela.

La directrice, qui était accompagnée de la chef de service et d'un psychologue remplaçant que nous ne connaissions pas, a refusé que je sois présente à l'entretien en invoquant le fait que je sois parente d'une résidente de ce même Foyer et que seul un délégué de l'association gestionnaire pouvait l'assister.

Du fait de ce refus, Madame D, qui était auparavant rassurée de ne pas être seule lors de l'entretien, a été contrariée pendant celui-ci.

•

Ma fille est handicapée et réside dans une MAS.
Le directeur veut modifier les retours, le week-end.
A-t-il le droit de le faire sans demander l'avis des parents et du CVS ?

•

Lorsque mon enfant était en EMP, nous avions, de temps en temps, des journées d'ouverture le samedi.

La journée finissait officiellement à 14 heures En général, ce jour-là, il y avait une réunion de parents, qui finissait à 12 heures Nous avions l'interdiction de ramener nos enfants à 12 heures Ils devaient obligatoirement déjeuner sur place et revenir à 14 heures dans leur domicile. Sinon, le prix de journée n'était pas perçu.

Nous disions donc : comptez-le comme ayant déjeuné, qui va vérifier ? Refus absolu de la direction.

Notre enfant revenait à 14 heures avec le transporteur après un repas agité ou « boycotté » lorsqu'il constatait que nous partions sans lui.

On ne peut qu'admirer « la souplesse » administrative.

A un manque certain de communication dans de très nombreux établissements, s'ajoute le problème du « fameux prix de journée » sur lequel s'articulent et dépendent le financement, la réglementation, la pédagogie et aussi la prise en charge de la structure d'accueil.

L'accès aux modalités de fonctionnement de la MAS où se trouve mon fils est quasi impossible aux parents. C'est très mal vu de vouloir se renseigner sur le fonctionnement et les parents y renoncent. Le nombre de prix de journée selon le financeur tient compte des vacances et des week-ends.

●

Concernant le financement, les directions des centres suivent-elles les exigences des Conseils Généraux ?
Qui ne s'est pas posé cette question ?
Voilà une réponse intéressante et pertinente dont nous devrions connaître tous les détails.
Utiles lors des Conseils de la Vie Sociale, les réponses embarrassantes ne seraient plus balayées d'un revers de main,
Comment sont financés ces foyers pour adultes handicapés ?
Une allocation par jour ou plutôt par nuit de présence dans le centre.
Pour ceux qui ne sortent jamais, parce que trop vieux, ils n'ont plus de parents, ou bien, malheureusement, sont abandonnés.
L'exemple serait : 365 jours * X € = 365 X€.
Calcul plus délicat pour ceux dont les parents ont mis leur enfant dans ces centres par nécessité.
Entre les congés qui sont calculés en semaine, les sorties de week-end en jour et nuit, s'essayer au calcul sans base solide est voué à l'échec.

Il faudrait une personne qui pourrait nous éclairer de façon précise, développer, et donner des exemples qui soient à la portée de tout le monde, en incluant les APL et autres allocations et subventions.

Et peut-être à la fin, nous finirons par connaître le financement des centres, les exigences des Conseils Généraux.

Qui contrôle la présence des résidents, comment s'effectue ce contrôle ?

Ce système de financement prend nos enfants en otage et rançonne le Conseil Général par jour de présence.

Autre point important qui préoccupe les parents, c'est la fréquence et les possibilités de retour en famille pour leurs enfants et adultes qui séjournent en internat.

Là, les familles sont perplexes quant à leur choix de prendre leur enfant chez eux.

Ils ne peuvent pas choisir et doivent se soumettre au règlement de l'établissement d'accueil. Il faut qu'il y ait les mêmes droits et les mêmes devoirs pour toutes les familles.

Mon fils vient de rentrer dans un FAM.

Le directeur m'a expliqué qu'il ne pourrait venir au domicile familial qu'un week-end par mois.

Jusqu'à présent, il était interne en IME et rentrait à la maison tous les week-ends. Pour lui, c'était très important de partager la vie familiale. Je trouve le règlement du foyer très sévère.

Ce qui pose problème, c'est le fait que tous les établissements ne fonctionnent pas de la même manière. Certaines structures d'accueil encouragent les familles à prendre leur enfant tous les week-ends, d'autres autorisent le retour tous les quinze jours (c'est le cas le plus fréquent). Enfin même, certaines structures imposent ce retour uniquement toutes les trois semaines.
Les familles se méfient. Les places sont rares. Peut-être ne faut-il pas trop « râler » !

Je suis président élu du CVS d'un FAM de jour pour adultes polyhandicapés. Plusieurs familles s'inquiètent des sanctions financières ou autres qui pourraient être prises à l'encontre de leur adulte (ils sont tous sous tutelle parentale) en cas d'absence car pendant celle-ci l'établissement ne perçoit pas de prix de journée. L'organisme qui gère cet établissement ne m'a pas fourni de réponses claires et documentées (références à des textes légaux et ou réglementaires ou copie de la convention passée entre le Conseil Général et l'établissement) à mes questions. J'ai également consulté un avocat spécialiste en droit du travail qui n'a pu répondre ni m'indiquer un collègue dont ce serait la spécialité.

Je vous demande si vous avez connaissance de ces informations ou quel organisme pourrait me les fournir. Certains parents sont très inquiets. La seule réponse orale obtenue de l'organisme gestionnaire a été : Les adultes doivent être présents 250 jours par an sauf en cas de maladie justifiée par un certificat médical. Dans ces conditions vous ne risquez rien. Mais ces affirmations orales ne traitent pas tous les cas d'absences. Par exemple que se passe-t-il ?

1 - Si ce sont les parents qui temporairement ne peuvent plus le préparer pour aller à son FAM.

2 – S'ils sont obligés de se déplacer en province et de l'emmener faute de place en internat.

3 -Même cas mais l'adulte est placé temporairement dans un autre établissement car le FAM ne touchera pas de prix de journée pour cette période.

4 - Quelles sanctions envers un adulte qui fréquente un FAM, peuvent être prises en cas d'absence ? Qui décide ? Quels sont les limites et les recours possibles ?

●

Notre enfant vient d'intégrer une MAS nouvellement ouverte et il nous est reproché de le reprendre trop souvent à notre domicile, à savoir tous les samedis et dimanches. De plus, nous avions l'habitude de le prendre 3 semaines en vacances l'été. La direction nous a indiqué que dans cet établissement, nous ne pouvions la prendre que 30 jours au total par an ! Le fait d'imposer un nombre de jours d'absence à l'année aussi restreint est-il légal ? Ça me semble être un abus de pouvoir de la part de la direction... Que peut-on faire pour que la volonté des parents, et de leur enfant, soit respectée ? Nous ne pensons pas être excessifs dans les absences de notre enfant. Le prendre chez nous les week-ends et 3 semaines l'été me paraît tout à fait raisonnable et normal.

Le bel exemple de ce qu'il faudrait !

Je suis maman d'une jeune femme adulte handicapée et interne en Foyer de vie. Je vais la chercher tous les week-ends et quand je sens qu'elle n'est pas bien, je la reprends quelques jours voire quelques semaines.

Peut-on évoquer une atteinte à la liberté de choix des résidents et de leur famille ?

Tout à fait d'accord avec vous. Priver une personne de s'absenter d'un établissement est pour moi contraire aux droits fondamentaux de la personne.

Voilà ce que je pense :

Certains FAM empêchent les résidents de rejoindre leur famille le week-end. Il serait bien que les absences (pour week-ends et vacances) soient contractualisées par un écrit entre le FAM et le résident et / ou son représentant légal. Cela pourrait peut-être changer bien des situations, car ce peut être une preuve devant la justice.

●

Respecter les parents qui n'ont pas abandonné leur enfant et qui maintiennent des liens étroits entre leur enfant handicapé et la famille. Il n'est pas normal et c'est même humiliant de devoir supplier et demander une faveur pour pouvoir prendre son enfant quelques heures plus tôt ou même quelques jours de plus.

Demandons un assouplissement de la direction pour les sorties en famille, afin d'éviter ces situations toujours conflictuelles, désagréables et négatives dans les relations familles foyer.

Ce sujet nous semble être regardé de manière « anecdotique » et peu importante par le Ministère et les grandes associations.

Le problème des sorties le week-end (et des retours), celui du nombre strict de journées de vacances n'est pas, pour nous, parents, à prendre à la légère.

Il caractérise le manque de dialogue et accentue la non prise en compte de l'avis et des désirs des résidents et des familles pratiquée dans certains établissements spécialisés. D'autant plus qu'il faudrait regarder de plus près pour savoir si, effectivement, l'établissement n'est pas payé pendant ces absences.

Depuis plusieurs années, le Foyer nous avait indiqué que notre enfant ne viendrait plus que tous les 3 week-ends nous voir à A sous prétexte que cela le fatiguait. Nous découvrons grâce à vos explications les raisons de ce choix !

Maintenant le Foyer entreprend de réduire le temps de notre enfant en famille pour les vacances.

●

Comme je vous comprends ! J'ai un enfant qui vient d'avoir 20 ans non voyant et qui a dû partir dans un Foyer occupationnel à 3 heures et demie de route de chez nous.

Les sorties : un week-end sur deux.

Il rentre le samedi à midi trente et retourne au foyer le lendemain à midi trente par le train. Pour le garder un peu plus, environ deux heures, nous devons le ramener avec mon époux en voiture (6 heures trente, aller et retour).

Le centre n'est pas adapté pour les non-voyants au niveau activité, mais avons-nous le choix ?

Il n'y a aucune structure adaptée dans la région ou nous vivons.

À croire que les non-voyants sont des espèces rares.

Vous parlez de la PCH mais tout cela est fortement réduit, à l'âge adulte, lorsque les jeunes sont en institution.

225 euros par mois, voilà ce qu'il reste à mon fils à la fin du mois pour rentrer CHEZ LUI.

Heureusement nous sommes encore présents pour l'aider, mais que se passera-t-il lorsque nous ne serons plus de ce monde ?

Voilà la triste réalité !

Lorsqu'un résident doit s'absenter de sa structure, l'éternel problème du prix de journée est avancé aux familles qui posent des questions, mais celles-ci se gardent bien de s'étendre sur ce sujet car, on leur fait comprendre que c'est comme cela, et pas autrement.

Nos enfants « normaux » qui fréquentent l'école primaire, le collège ou le lycée ne font pas perdre une journée de prise en charge lorsqu'ils sont absents.

Les parents, ont-ils des droits ?

Je travaille depuis plusieurs années dans un Foyer de vie occupationnel. Je suis dégoûté de la politique de la nouvelle direction qui demande aux parents et familles de ne pas prendre leurs enfants plus de 33 jours par an.

Pouvez-vous m'indiquer s'il y a une loi qui existe concernant un nombre de jours d'absences à respecter, car je me rends compte que la plupart des parents sont très touchés par cette décision.

•

Mon fils est interne à la Fondation d'A.

Cet établissement convient bien à mon fils de 13 ans (il a une trisomie 12).

J'ai un souci concernant le temps de présence dans la structure (221 jours je crois) et je souhaiterais le garder certaines vacances (en avril par exemple) suivant les vacances que nous pouvons poser au niveau de notre travail afin qu'il puisse se reposer.

Une semaine de repos à chaque vacance (en dehors de Noël où il a deux semaines et l'été 4 semaines), c'est court.

L'éducation nationale demande 2 semaines de congé toutes les 7 semaines d'école pour les enfants en classe ordinaire mais ce n'est pas pareil pour les enfants en IME. Je trouve que la vie de famille n'est pas respectée.

Hier, j'ai eu un Conseil de la Vie Sociale et les responsables m'ont dit qu'il fallait écrire un courrier pour que les choses changent, afin que, suivant les cas, et lorsque les parents le demandent (car dans certaines familles, apparemment l'enfant est mieux dans son établissement que dans sa famille), on puisse avoir nos enfants.

Comment faut-il s'y prendre, je suis perdue... ?

Ils nous font culpabiliser car l'année dernière il y a eu 500 jours d'absence et 500 prix de journées en moins.

Donc si cela continue, le directeur nous a dit qu'il serait obligé de supprimer des postes. Alors quoi faire ?

Est-ce qu'on est obligé de mettre notre enfant, car sinon l'encadrement sera de moins bonne qualité et ce sera la faute des parents ?

Je trouve cela vraiment injuste. Je ne sais pas si je suis très clair mais je suis en colère et j'ai envie de le faire savoir mais je ne sais pas comment m'y prendre.

Autre chose. Existe-t-il un risque que les prises en charge scolaires viennent à disparaître dans les IME ?

●

Je souhaiterais savoir si un directeur d'IME peut exclure mon enfant si je refuse de le mettre durant les vacances d'été. En effet, je suis enseignant et j'ai l'habitude de partir 2 mois en vacances avec mes enfants. Le directeur souhaite que mon enfant soit également présent en juillet. En a-t-il le droit ? Et que peut-il faire si je garde mon enfant pendant le mois de juillet ?

●

Ma fille est handicapée et réside dans une MAS. Le directeur veut modifier les retours, le week-end. A-t-il le droit de le faire sans demander l'avis des parents et du CVS ?

Se pose alors la question : pourquoi les établissements d'accueil spécialisés n'ont-ils pas une enveloppe globale de fonctionnement annuel plutôt que d'être subventionnés au prix de journée ?

Dans les documents qui nous ont été remis à l'admission de notre enfant en Foyer, il est indiqué que l'établissement bénéficie du forfait annuel global.
Dans ces conditions, comment se fait-il qu'on nous impose des sorties pour le week-end comme indiqué ci-dessous ?

- Un week-end du samedi 9 h 30 au dimanche 18 h

– Le week-end suivant du vendredi 17 h au dimanche 20 h
Par ailleurs, tout retard, même d'1/4 d'heure doit être justifié.

•

Le contexte actuel préconise que les enfants ayant atteint l'âge adulte doivent couper le lien avec le milieu familial et vivre leur vie.

Pour faire des économies, imaginons que la tendance s'inverse. Cela aurait pour résultat d'inciter les parents à prendre les enfants tous les week-ends.

La période des congés serait augmentée au gré de la direction.

Les usagés n'ayant plus ou pas de parents seraient écartés.

L'État et les organismes sociaux s'empresseraient de réduire le contenu de l'enveloppe.

Quand on sait que pour « gagner » un projet de création d'établissement en concurrence avec d'autres associations, l'estimation du prix de journée dans le projet est très importante dans la décision.

Le coût de la prise en charge devrait être le même dans tous les établissements. En dehors des influences qui peuvent s'exercer, on note que, d'une association à une autre, le prix de journée, pour un futur établissement, peut varier sensiblement.

Je vous écris pour vous apporter mon témoignage car je suis membre du comité de pilotage de la qualité de vie dans l'établissement de mon fils. Je voudrais vous faire part de ma déception devant le peu de motivation et de mobilisation des parents. C'est vrai que nous devrions être tous partie prenante devant le thème de la qualité de vie. Combien de parents connaissent l'ANESM qui risquerait d'être absorbée par une autre agence pour des questions d'économie ?

Être parent d'un enfant ou adulte handicapé n'est décidément pas facile. Peut-être que les parents ne sentent pas leur avis suffisamment pris en compte par l'établissement qui accueille leur enfant ou adulte. Les associations de parents ne sont plus vraiment des associations de parents. L'esprit pionnier du départ a disparu. La gestion financière l'emporte sur le reste. Tout est compliqué. Les associations gèrent des sommes importantes et se gèrent comme des sociétés « commerciales » où l'équilibre financier domine avant.... la qualité de vie dans les établissements d'accueil.

Les temps incertains qui se dessinent accentueront sans aucun doute ce sentiment. Devant tout cela, demande-t-on vraiment ce que pensent les parents ? Je crois que cette séparation entre les associations et les parents s'accentuera au fil des années. Je suis préoccupé du nombre de parents qui finissent par retirer leur enfant ou adulte de la structure d'accueil, préférant le garder à la maison. Certainement, la méfiance portée aux internats est réelle. « On ne sait pas ce qui se passe » me disait un père. « Mon fils a été malade, je l'ai appris quinze jours après ». Les parents sont déroutés devant ce silence. Cela peut inciter certains pour des raisons financières à reprendre leurs enfants chez eux sans prendre garde au temps qui passe et qui veut que nous vieillissions. Enfin, vous constaterez que je ne suis pas optimiste sur l'évolution du secteur médico-social. L'État a une part de responsabilité sur ce constat en livrant des pouvoirs trop importants aux associations gestionnaires devenues puissantes.

Il aurait mieux valu des centres gérés directement par les régions ou l'État.

•

Pourquoi n'auraient-ils pas comme tout un chacun les mêmes droits que les travailleurs, la possibilité de sortir tous les week-ends, les fêtes légales accompagnées de leur pont et de bénéficier de 5 à 6 semaines de congé annuel ?

Droit d'accès à la chambre des résidents en internat pour les parents.

De nombreux parents ne comprennent pas pourquoi l'accès à l'intérieur de l'établissement qui accueille leur enfant est si difficile, si réglementé, quand il n'est pas tout simplement interdit. Cela est d'autant plus vrai lorsqu'il s'agit d'un internat.

Certains parents s'entendent dire que tous les établissements spécialisés fonctionnent ainsi. Pour avoir eu de nombreux contacts sur ce sujet, on peut affirmer sans se tromper que cela n'est pas vrai. Il existe même des établissements qui encouragent les familles à venir plus souvent.

Les parents continuent à faire part de la difficulté qu'ils ont à accéder à la chambre de leur enfant ou adulte interne.

Lorsque j'accompagne mon fils à l'internat, ou que je vais le chercher (ce qui est exceptionnel) je n'ai pas le

droit de l'accompagner jusqu'à sa chambre... Aberrant,
frustrant...

Malgré ces difficultés, certains professionnels facilitent le contact avec les familles, entre professionnels familles mais aussi de familles à familles.

Évidemment, il est hors de question de demander l'accès à l'établissement à tout moment, quand on veut. Nous devons respecter la vie du service, les activités, les horaires des repas...

Mais quand on entend certains parents (et ils sont plus nombreux qu'on ne le pense) raconter qu'ils doivent attendre dans le hall, si ce n'est pas au portail, que leur enfant ou adulte leur soit « amené » le jour des départs en week-ends, on ose s'étonner.

Dans ce cas, il faut demander l'autorisation d'aller dans la chambre de son jeune. Parfois il faut le faire par écrit. Le tout doit être fortement motivé.

N'est-ce pas légitime de la part d'une mère, d'un père ou d'un tuteur, d'aller dans la chambre de son jeune, pour voir ce qu'il manque comme affaires ou tout simplement visualiser le lieu, l'endroit où réside son enfant.

Émotionnellement, c'est très important. Mais là, on rentre dans le domaine du subjectif, de l'affectif...

Les parents, ont-ils encore leur place dans ces situations d'interdiction ? On peut en douter.

Pour une base de données. Merci pour les sujets abordés. La visite dans les chambres demanderait que ce sujet soit plus élaboré : existe-il des textes réglementaires, ou l'accès aux chambres est-il laissé au bon vouloir de la Direction.

Il y a 15 jours, nous ramenions notre fille au Foyer, accompagnée de sa tante et de son oncle. Nous nous sommes faits « jetés » par une éducatrice !

Nous nous sommes retenus de signaler l'incident à la Direction (qui ne perd rien pour attendre....).

L'argument qu'un jeune adulte handicapé doive vivre sa vie et apprendre à se « séparer » de ses parents ne peut pas être pris mot pour mot, car s'il y a du vrai dans cette affirmation, il n'est pas dit que le rôle des familles soit ou doit être totalement balayé. Aucune étude ne le prouve.

Nous ne pouvons pas imaginer, un seul instant, que la venue des parents dans un établissement peut constituer une aussi grande contrainte. Cette facilité d'accès doit laisser une impression de clarté dans le fonctionnement du service et cela aux yeux des familles. Tout le monde y gagnerait. Ainsi il serait évité que les imaginations travaillent trop.

Je vais vous faire parvenir dans les jours qui suivent le règlement intérieur du Foyer occupationnel de A. Il est simplement indiqué que "les chambres sont des lieux privés et que quiconque veut y pénétrer ne peut le faire qu'avec l'accord du résident... Finalement tout n'est qu'une question d'interprétation !

« Veut-on nous cacher quelque chose... ».
Si cette réglementation est justifiée, encore faut-il l'expliquer aux parents.
Ce n'est pas parce que nous sommes parents d'enfants handicapés qu'on ne pourrait pas comprendre !
Dans ces cas de réglementations justifiées, les parents et les tuteurs demandent que les modalités d'accès soient indiquées dans le règlement intérieur de l'établissement après consultation du Conseil de Vie Sociale. Même s'il n'est que consultatif (pour l'instant), encore faut-il qu'il serve à quelque chose !
Encore une fois, affirmons que de nombreux établissements ne pratiquent pas ce système. Au contraire.
Que tous les professionnels qui travaillent dans ce sens en soient remerciés.

Leur rôle est essentiel. Et là aussi, ils sont plus nombreux qu'on ne le pense.

Nous n'avons pas accès à l'unité de vie. On doit prévenir de notre arrivée et emmener l'enfant à l'extérieur. Cela, ce n'est pas écrit mais dit le jour de l'admission. Ils prétendent que ça perturbe les enfants de voir des parents. J'ai réussi à entrer une fois au culot, un vrai branle-bas de combat à mon arrivée ! Pourtant il n'y avait rien de scandaleux à voir.

Ce devrait être comme dans les maisons de retraite ou les hôpitaux : visites autorisées de telle heure à telle heure. Je ne sais plus ce que j'ai signé.

De toute façon, c'était à prendre ou à laisser...

•

La résidence pour adultes handicapés où vit ma sœur envisage à l'instar de beaucoup d'autres établissements d'interdire l'accès des chambres des résidents à leur famille.

L'argument qui a semblé le plus raisonnable à la direction pour justifier un tel interdit est le respect de l'intimité des résidents.

Alors il m'est venu la parabole suivante : La résidence « x » n'est pas une « maison » où chaque habitant y aurait sa chambre, elle est un « village » où chaque habitant a une « maison ».

La maison de chaque résident est sa chambre, l'équivalent d'une maison en son entier, comme s'il s'agissait d'une « cuisine + salle de bain + chambre + salle à manger + chambre ». Certes une maison de petite taille mais qui constitue l'espace personnel que ma sœur a l'envie de partager avec moi en m'y invitant.

Le directeur de l'établissement propose que les résidents rencontrent leurs familles dans un petit salon de l'établissement. Si ma sœur vivait dans sa maison, dans un village, elle me recevrait chez elle dans ses meubles et ce qui constitue son univers et non pas dans l'anonyme salle des fêtes du village.

À ma connaissance, les seuls lieux de vie où l'on ne soit pas invité à entrer dans les chambres de leurs habitants sont les couvents, les monastères et les prisons.

Quel est le but recherché de ces apprentis sorciers qui, se croyant investis d'une « mission », définissent et tentent de mettre en place des règlements dignes des pensionnats pour orphelins du XIXe siècle ?

Et pourtant, l'ANESM* écrivait déjà, il y a quelques années cette recommandation. Mais ce n'est qu'une recommandation ! :

*(Agence nationale de l'évaluation et de la qualité des établissements et services sociaux et médico-sociaux)

Faciliter les visites et respecter leur caractère privé

« Les visites aident au maintien du lien avec les proches et permettent des relations personnelles indépendamment du groupe. Une maison de retraite réserve une chambre dédiée à l'hébergement ponctuel de visiteurs. Il est recommandé que les visites ne soient limitées que par les obligations liées au respect d'autrui et aux conditions d'un bon voisinage (bruit). Il est recommandé de mettre en place des modalités d'accueil des visiteurs qui, tout en assurant la sûreté des personnes et des biens, respectent le caractère privé de la visite : sauf autre disposition prévue dans le projet personnalisé, les noms et qualités des visiteurs ne leur sont pas demandés »

Et si les parents arrêtaient de s'estimer fautifs des troubles du comportement de leur enfant !

Lorsque revient de l'établissement spécialisé une information sur un incident qui se serait passé concernant votre enfant, nous les parents, nous nous sentons tout de suite fautifs. Griffures, morsures, colères violentes..., lorsque nous apprenons cela, c'est un peu comme si nous étions coupables. Combien de parents se sont entendus dire : « *avec votre enfant, on a du mal* ». Alors là, on culpabilise et on devient un peu penaud. On pense à la place que l'on a obtenue difficilement, après des mois d'attente, et que l'on imagine fragilisée par le comportement de son enfant ou adulte.

Et si notre enfant n'était pas handicapé, serait-il dans cet établissement spécialisé ?

Comme racontait un parent :

Il manque encore tellement de places d'accueil que j'ai l'impression qu'une sélection s'opère pour les nouvelles admissions. Les nouveaux résidents me semblent de plus en plus performants. Et ceux, plus handicapés, surtout avec des troubles associés du comportement auront de plus en plus de difficultés à s'intégrer dans une structure.

Qu'il soit exagéré ou non, cet avis montre combien, par notre sentiment de culpabilité, nous sommes vulnérables. Nous avons aussi, par cette difficulté à trouver une place d'accueil, cette impression d'être toujours redevable. Mais pour les autres enfants, ceux qui sont « normaux », les parents ont-ils ce sentiment d'être constamment redevables ?

Il faudrait presque toujours avoir cette capacité à remercier pour tout ce que l'on fait pour nous. Il s'agit de la prise en charge de son enfant ou adulte et non celle des parents.

Il est important pour les parents de s'exprimer sur le comportement de leur jeune sans crainte, ni gêne. Les parents doivent se persuader que le savoir qu'ils ont acquis en s'occupant, d'années en années, de leur jeune est important et non négligeable. Il ne vient pas en complément de celui des professionnels mais, par son approche, est très souvent à égalité avec le leur.

Lorsque nous aurons conscience de cela, ce sentiment de culpabilité qui est en nous s'estompera et nous pourrons nous exprimer sans cette crainte tenace de déplaire. Il est certain que s'il y avait assez de places d'accueil, les parents se « sentiraient mieux ».
Forte évidence, voire naïve, diront certains. Parfois, il est utile de la rappeler tant l'État a été défaillant dans la prise

en charge des enfants et adultes les plus défavorisés, mettant les parents en situation permanente de demande, et donc de faiblesse.

Ma fille réside en MAS. Elle rentre à la maison environ 80 jours par an ce qui nous permet de contrôler plus ou moins la qualité de sa prise en charge et le suivi de son projet individuel. Comme elle ne parle pas, elle ne peut pas dire où ça fait mal. Il nous arrive de ne pas comprendre malgré ses cris ce qu'elle a.

Dans l'établissement, nous ne sommes pas associés dans un rôle que l'on pourrait nommer « répétiteurs parents ». Notre voix et nos gestes thérapeutiques ne suscitent aucun intérêt chez les accompagnants professionnels. Ils fonctionnent dans une bulle d'où, ce que j'appelle « la tierce personne de référence » est exclue. Où est la pluridisciplinarité ? Où est le contrat thérapeutique ?

Prise en charge. Pédagogie.

Passée l'épreuve redoutable de la recherche d'un établissement spécialisé, absorbé le rythme imposé des retours en famille les week-ends, digéré le nombre strict de journées imposées de vacances, les parents relèvent encore des incompréhensions dans l'organisation interne des structures.

Chaque résident et sa famille doivent signer au moment de l'admission un contrat de séjour et aussi un règlement intérieur.

Bien contentes d'avoir trouvé enfin un établissement spécialisé, les familles signent ce document sans une lecture attentive.

De toute manière, il n'y a pas le choix. Si une famille refuse ou critique, il n'y a plus de place disponible.

Je suis inquiète de l'envoi par la MAS où réside mon frère handicapé mental d'un contrat de séjour dont les clauses me laissent perplexe. Aussi, je souhaite ne pas rester isolée et dans l'ignorance des lois et des droits des enfants handicapés comme mon frère. Nous avons besoin plus que jamais de nous unir et de nous soutenir afin de les protéger et de les défendre.

•

Comme père d'un polyhandicapé adulte de plus de 40 ans. Je tiens à témoigner de l'absence de concertation avec les professionnels sur la prise en charge. Et la nouvelle loi ne change rien sur ce plan.

Le règlement intérieur doit préciser les modalités de sorties. Il y a aussi très souvent un ou plusieurs articles précisant ce que ferait la direction de l'établissement en cas de « désordre » de la part d'un résident. Certains établissements qui accueillent des personnes lourdement handicapées avec des troubles du comportement n'hésitent pas à signaler que tout désordre sera signalé éventuellement à la gendarmerie.

Certes, cela arrive peu souvent, mais c'est déjà arrivé !

Des adultes handicapés sous tutelle sont-ils responsables ou irresponsables devant la justice de leurs actes, en cas de violence ? Dans le cas d'irresponsabilité, les parents peuvent-ils refuser une convocation de la justice ?

•

Lors d'une bouffée d'angoisse, mon enfant a "agressé" deux personnes de l'équipe éducative en tirant les cheveux d'un moniteur éducateur et en déchirant le tee-shirt d'un autre.

Une déclaration d'incident administrative faite par la direction de l'IME détaille les faits.

À noter, pas de certificat médical de lésions, pas d'ITT, pas d'arrêt de travail.

Aussitôt les "soignants" ont demandé à nous rencontrer ce que nous avons bien sûr accepté de faire. Ils ont alors annoncé qu'ils avaient déposé une plainte de justice contre notre enfant qui a été convoqué au commissariat, mais après courriers, appels tél., certificats divers, il n'a pas eu à se déplacer. Nous espérons qu'il n'y aura pas de suite. Mon mari et moi-même, nous ressentons un vif sentiment d'injustice : comment un enfant orienté vers un établissement pour y recevoir des soins, peut-il à cause même de sa maladie être traîné en justice par ses propres "soignants" alors qu'il est irresponsable de ses actes ? Nous nous sentons aussi impuissants car chaque citoyen a le droit de déposer plainte. Aussi comment exprimer qu'éthiquement dans ce cas c'est inadmissible ?

Lorsque l'enfant ou l'adulte est interne, les familles ressentent un sentiment de mise à l'écart. Comme si leur enfant ou adulte leur échappait. Comme si elles n'avaient plus le droit de s'intéresser à la prise en charge, aux activités.

L'internat, c'est sans conteste une rupture progressive avec la famille qui finalement ne sait plus trop ce que fait son enfant.

Alors on imagine. On s'inquiète. On est étonné du peu d'activités...

J'ai une fille de 30 ans qui présente un handicap mental et un syndrome...

Elle est actuellement dans un Foyer de Vie Médicalisé dans le N.

Elle peut être agressive et chaparde de la nourriture. C'est un rituel chez elle.

Depuis le changement de la cadre de santé, la prise en charge de ma fille a beaucoup changé. Elle a très peu d'activités et de sorties. Elle est souvent consignée dans une chambre d'isolement dite de "sérénité" dans laquelle elle est enfermée soit une demi-journée voire une journée entière.

Ces méthodes, sont-elles courantes ? Ou bien, cela est de la maltraitance ?

Depuis début juillet, le psychiatre a prescrit une injection de... le matin et le soir qui se rajoute à son traitement lourd.

La dernière fois que j'ai récupéré ma fille, elle avait des difficultés à rester debout et fléchissait sur ses jambes. Je suis en souffrance de ce constat et inquiète concernant sa santé.

Que me conseillez-vous ? Que dois-je faire ?

La loi sur le handicap de 2005 a essayé de corriger ces impressions. Chaque résident doit faire l'objet d'un bilan annuel et aussi l'établissement d'un projet de vie pour l'année suivante.

Ce bilan, d'après la loi, est obligatoirement présenté chaque année à la famille qui doit le signer.

Certains établissements respectent les délais mais beaucoup ne s'embarrassent pas trop. Soit il n'y a pas de réunions officielles avec la famille, soit les délais sont portés, au mieux, à tous les deux ans.

La synthèse de notre enfant a eu lieu et nous n'avons pas pu y aller. Nous avons demandé copie de la synthèse. Sommes-nous en droit de faire part au centre des choses qui ne vont pas dans cette synthèse ? Dans le courrier il est écrit : "l'équipe pluridisciplinaire propose l'accompagnement personnalisé » décliné dans le projet personnalisé ci-joint. Vous voudrez bien me renvoyer un exemplaire du projet personnalisé signé". Faut-il signer cette synthèse ?

Beaucoup d'établissements font comprendre, volontairement, aux familles qu'elles n'ont pas « leur mot » à dire. Certaines familles se sont entendues dire devant leurs questions « si vous n'êtes pas contentes, vous pouvez reprendre votre enfant. Les listes d'attente sont longues. ».

Quand on pense que tous les établissements, sans exception, fonctionnent grâce à l'argent des collectivités, des départements et de l'État, on reste pantois devant de telles réflexions. Et ce n'est pas uniquement un seul parent qui a entendu cela.

Bien sûr, la grande majorité des établissements spécialisés ne sous-estiment pas l'intérêt des familles sur tout ce qui concerne la prise en charge des résidents.

Ce qui est certain, c'est que les autres, ceux qui mettent à l'écart les familles jettent de l'ombre sur l'ensemble du monde du handicap.

Sans informations développées, les familles continueront légitimement à se poser des questions.

J'ai lu attentivement vos articles et je m'y retrouve. Les relations avec la MAS se dégradent car j'ai le sentiment de ne pas être entendue. C'est un peu un dialogue de sourds. A toutes questions de ma part, on m'oriente vers le psychiatre qui n'a qu'une seule solution LES DROGUES. Comment pouvez-vous m'aider ? Aujourd'hui, je recherche un autre établissement de type FAM en espérant qu'il y aura plus d'éducatif. Pouvez-vous m'aider : à améliorer les relations avec l'établissement, à rechercher un autre établissement plus axé sur l'éducatif et plus proche de mon domicile ?

●

Connaissez-vous des parents qui se plaignent de l'excès de sédatif en MAS ?

•

À toutes questions de ma part, on m'oriente vers le psychiatre qui n'a qu'une seule solution : LES DROGUES.

•

Il a été donné des médicaments à ma fille sans même m'en aviser. De même qu'il a été effectué une prise de sang sans que je puisse donner des informations médicales très récentes qui auraient pu être prises en compte dans le prélèvement.

Comme vous le savez, dès qu'on soulève quelques questions dans un établissement, on est jugé comme hostile, alors on n'ose même plus.

•

Pour mon fils, cela ne se passe pas très bien car depuis peu, du fait qu'il est stressé par deux personnes qui sont constamment sur lui, il fait des trucs qu'il ne faisait jamais avant. Je me demande si leur façon de faire ne fait qu'accentuer les tics de mon fils par ailleurs. À cause de *cela l'éducatrice a pris un rendez-vous au CMP sans nous en parler au préalable.*

Nous avons refusé car nous avons trouvé cela excessif.

J'ai pris un rendez-vous chez un psychiatre en ville.

Cela ne leur a pas fait plaisir et m'ont accusée de casser l'équipe !

Depuis plusieurs mois, je suis dans un désarroi total ainsi que son frère et mon mari.

Je n'arrive pas à faire comprendre à la direction qu'il faudrait regarder du

côté des AMP qui s'occupent des résidents. Paraît-il que le personnel est très

fatigué du fait de beaucoup d'absences (énormément d'arrêts de travail non remplacés pendant la période) et à ceux qui sont là on double travail.

L'AMP m'a dit qu'elle ne pouvait pas surveiller mon fils constamment. Je le comprends mais de là à les laisser sans surveillance ! Donc je suis allée voir un psy qui lui a prescrit du G et du GH qui apparemment ne lui faisait pas de mal. Il me semblait qu'il dormait mieux. Par contre, j'ai été obligée, à la suite d'un rendez-vous avec le Foyer, d'accepter un rendez-vous au CMP car sinon je crains qu'il ne me fasse des misères. Le traitement médicamenteux a encore été changé. Chaque médecin veut imposer sa prescription.

Fatigant, épuisant pour mon fils, pour sa famille dont l'avis semble compter si peu !

•

Je faisais partie du CVS du Foyer de vie ou réside ma fille à P. Une des membres représentant les parents réunissait les 3 parents pour préparer le CVS aux horaires où je travaillais. De ce fait, je ne préparais pas les questions, ni le contenu du CVS. Je suis partie laissant le champ libre à cette personne. Récemment, j'ai mis en avant qu'on vaccinait les résidents pour la grippe sans avertir ni les parents, ni les tuteurs, ni le Président de l'association de parents d'enfants handicapés. Nous sommes un Foyer géré par l'U donc par des parents. On a fait la remarque au directeur.
Dorénavant, pas d'acte médical de quelque nature que ce soit sans en aviser les tuteurs ou les parents. Je pense que même en dehors du CVS, ne pas hésiter à montrer qu'en tant que parent et tuteur on est vigilant au bien-être de nos enfants.

•

Je suis tutrice de ma sœur résidente au Foyer GF. Le Foyer a fait vacciner ma sœur contre la grippe alors que j'y étais formellement opposée.

Après entretien avec les éducateurs et la directrice, j'ai immédiatement fait connaître ma position. Il m'a été répondu que c'était à ma sœur de décider et/ou au médecin que revenait la décision sans tenir compte de mon refus. (Elle n'est pas en mesure de s'acheter une baguette de pain mais elle serait à même de décider d'un vaccin ?)

J'ai essayé de joindre par téléphone le médecin en question sans succès. Aujourd'hui, j'apprends que parce que j'en fais la demande, le médecin a fait la vaccination le....

On ne peut m'opposer que j'ai réagi trop tard car j'ai réagi dès la réception du courrier m'informant de cette pratique abusive de mon point de vue. Le Foyer dit avoir la loi de son côté car ce n'est plus aux tuteurs de décider. J'aimerais savoir si cette loi dont il se serve est réelle ou pas.

•

J'ai consulté votre site, je suis maman et tutrice de mon fils V qui a moins de 30 ans.

V est dans un FAM à B. J'ai très souvent des soucis petits et grands. Régulièrement, il y a soucis sur les médicaments. Cette année, des vêtements ont disparu, un examen à faire, prescrit par son spécialiste oublié, et en contrôlant les relevés de Sécurité sociale de V, je me suis rendu compte que le médecin généraliste refaisait les ordonnances des médecins spécialistes et ne met pas les prescriptions sur l'ALD. J'ai fait un courrier au directeur et médecin pour avoir des explications. Qu'en pensez-vous ? Et à savoir que j'ai eu quelques remarques désagréables !

L'espace de la chambre du résident doit être considéré comme un espace privé où le résident et sa famille peuvent apporter des éléments de décoration pour personnaliser la chambre.

En théorie du moins. Encore faut-il pouvoir accéder à la chambre, mais aussi que le résident reste un certain temps dans la même chambre et qu'elle ne soit pas occupée pendant ses absences « légales ». Cependant, il n'est pas rare que les chambres laissées vacantes pendant les congés soient occupées pour de l'accueil temporaire, bien nécessaire pour les familles en attente de solution, le temps de « souffler » un peu.

Je viens de trouver votre site, malheureusement, parce que je rencontre de nombreux problèmes avec la direction de l'établissement... où il est accueilli depuis quelques années.

Tout a commencé lorsque, en tant que tutrice, j'ai demandé à être consultée notamment sur ses activités au foyer.

Puis, lorsque j'ai demandé que sa chambre soit repeinte car usagée, tout s'est gâté. La chambre a d'abord été repeinte dans des coloris ignobles alors que le directeur s'était engagé à la repeindre dans les tons choisis par mon frère. Ne souhaitant pas recommencer, cette chambre a été attribuée à un autre résident et encore une fois le directeur s'est engagé à repeindre la nouvelle chambre. Depuis peu les travaux ont été, en partie, réalisés puisque le directeur juge inutile de repeindre le plafond et, d'appliquer 2 couches de peintures de façon à recouvrir l'ancienne couleur... Bien entendu, le résultat est lamentable mais la direction estime les travaux terminés. Jugeant ce genre de pratique inadmissible, je n'entends pas laisser les choses en l'état.

Pouvez-vous m'aider, sachant que le Président de l'association est parfaitement au courant ?

Dans le fameux prix de journée, tout n'est pas pris en charge. Un certain nombre d'actes médicaux reste à la charge du résident.

Je me permets de m'adresser à vous pour avoir quelques informations concernant la prise en charge des personnes adultes résidant en maison d'accueil spécialisée. Je suis un peu perdu concernant la prise en charge des personnes en extérieur. En effet, certaines personnes ont besoin d'être suivies par des spécialistes et de matériels adaptés : prothèses, attelles.... Qui doit prendre en charge le financement des rendez-vous chez les médecins spécialistes, les transports et le matériel ? Je me tourne vers vous car je n'arrive pas à m'y retrouver dans les textes de lois.

Le règlement intérieur, c'est le règlement. Difficile d'y échapper en apportant des modifications.

Je suis maman d'un enfant handicapé que j'élève seule. Mon fils est en internat dans un IME.
Il rentre de l'internat le vendredi soir et repart le lundi matin.
Comme je le vois qu'une fois tous les 15 jours du fait d'une garde partagée avec le papa, j'ai demandé au chef de service la possibilité de passer à l'internat séquentiel avec un retour au domicile le mercredi pour un retour le jeudi matin (le mercredi étant consacré aux activités sur le groupe et à des activités sportives l'après-midi qui ne conviennent pas à mon fils). Et ce pour pouvoir l'inscrire à des activités en dehors de l'institution et "favoriser" l'ouverture vers l'extérieur dans des activités choisies par mon fils et non imposées par l'Établissement.
Le directeur a refusé cette demande sans prendre la peine d'en discuter avec nous (les parents) ni même de nous

donner un motif ou des arguments valables. La seule réponse était que les trajets ne seraient pas pris en charge et qu'habitant loin, cela créerait des transports inutiles pour mon fils et moi-même !

J'ai demandé à la MDPH quels sont mes moyens de recours pour que l'IME accède à ma demande. Je n'ai à ce jour pas de réponse. Ont-ils le droit de refuser cette demande de retour à un internat séquentiel (ce qui avait été proposé au début d'année mais compte tenu des difficultés de transport, nous avons dû abandonner). Et en cas d'internat séquentiel, peut-on demander la prise en charge du transport à la MDPH ?

●

Je tiens à préciser que le projet d'accueil est inexistant (car trop général, et je pense commun à tous). Le projet de fonctionnement de l'établissement dont vous nous faisiez mention n'a jamais été porté à notre connaissance. Nous restons persuadés que la MDPH n'en a pas été informée.

L'information ne passe pas partout.

Je n'ai jamais signé le règlement intérieur de l'établissement où est mon enfant. Est-ce normal ?

•

Ma fille est en internat, dans un FAM. Doit-on avoir connaissance d'un contrat de séjour, et doit-on le signer ?

Taux d'encadrement :
Le compte n'y est pas dans de nombreux établissements spécialisés.

Sur le papier, tout est « OK », à part quelques petits problèmes ponctuels.

C'est la version officielle dans de nombreuses associations.

La réalité du terrain est tout autre et moins bien idyllique.

Les budgets n'augmentent plus. Les établissements ne peuvent plus se permettre le moindre déficit.

Les prises en charge perdent progressivement leur ambition d'aller vers plus de pédagogie pour développer au mieux l'autonomie des résidents.

Les parents sont perplexes et osent, dans certaines structures, à peine formuler des interrogations pourtant légitimes comme tous les parents.

Quand je fais part d'une remarque dans l'établissement où est mon enfant, il me semble qu'elle remonte facilement à la direction, mais pour que la réponse redescende, c'est plus difficile.

Non pas que les directions des établissements spécialisés aient cette volonté à affaiblir l'encadrement dans la prise en charge de nos enfants et adultes handicapés, mais cette préoccupation majeure d'équilibrer les comptes fait que le taux d'encadrement n'est plus respecté pleinement.

Est-ce réglementaire qu'il n'y ait que deux veilleurs pour 40 résidents permanents polyhandicapés dans la MAS de mon frère ? Peut-on parler de sécurité pendant la nuit avec aussi peu de personnels ?

Les établissements spécialisés, arriveront-ils par manque de moyen à ne faire essentiellement que du « nursing ».

Nous sommes parents d'un jeune homme polyhandicapé. Il est en MAS.
Nous sommes inquiets car comme beaucoup de résidents, il est épileptique et la nuit, pour une structure de 60 résidents qui est moderne mais dont les unités sont assez espacées, il n'y a que deux surveillants de nuits.
Bien entendu, de jour, il manque du personnel.

On met nos enfants à 17 h 30 en pyjama.

Souvent ils restent seuls dans la salle à manger sans aucune occupation, sauf une télévision qui fonctionne.

En plus, il y a un manque de réactivité de l'ensemble du personnel, ce qui met parfois en danger certains résidents.

Les équipes travaillent en flux tendus.

Automatiquement, de nombreux dysfonctionnements apparaissent avec, parfois, comme conséquences, de mauvaises conditions de sécurité.

Le non-remplacement des personnels absents alourdit considérablement le travail du personnel présent et ne laisse que très peu de possibilités au travail relationnel avec les résidents.

Les dimanches et jours fériés, du fait de la diminution logique du personnel, lorsqu'il n'y a pas d'activités organisées, les résidents sont conduits à rester couchés, à regarder la télévision ou les mouches voler... Par une chaude après-midi, vous ne trouverez pas une personne un peu agitée assise sous les arbres mais à l'intérieur... La pyramide des âges induit des différences de comportements et de demandes de soins, de besoins, de dépenses d'énergie.

Les résidents dépendent là du bon vouloir et de l'énergie des éducateurs plus ou moins motivés à une partie de ballon, à une ballade ou un tour à la piscine.

•

Une grande partie de la vraie colère des parents réside dans LE MANQUE DE PERSONNEL : dans une MAS, il y a en moyenne une à deux personnes pour huit handicapés en grande dépendance ; c'est très insuffisant. Il y a une grande volatilité du personnel au contact des résidents car souvent les établissements sont situés hors agglomérations et loin des transports. Dès lors, les personnels cherchent un emploi plus proche de leur domicile.
Ceci est un problème éminemment politique.

Les résidents voient le nombre de leurs sorties (actes pédagogiques nécessaires pour garder le contact avec l'extérieur) diminuer fortement.
Combien de résidents ne sortent pratiquement jamais de leur établissement faute d'un encadrement suffisant ?
Combien d'activités sont ralenties voire supprimer ?
Combien d'établissements spécialisés n'organisent plus de transfert ?

Combien d'heures de kiné et autres soins paramédicaux ne sont pas assurés en raison de difficultés de recrutement ?

Combien d'établissements compensent le manque de personnel par la présence importante de stagiaires ?

Comment peut-on établir des projets associatifs ambitieux si cet élément essentiel qu'est le respect du taux d'encadrement est négligé ?

À quoi cela sert-il de faire des recommandations sur la prise en charge si les moyens de les appliquer diminuent d'année en année ?

Les personnes qui les écrivent, sont-elles uniquement dans un univers théorique et intellectuel ?

Je suis le parent d'un enfant handicapé, 14 ans, placé en institution IME de L.

Je rencontre de grandes difficultés pour me faire entendre suite à des dysfonctionnements importants dudit établissement : - prise en charge médicale des enfants inexistante.

Depuis un an, le pédopsychiatre, parti à la retraite, n'a jamais été remplacé. - deux psychologues ont en charge 75 enfants et sont dépassés. Les structures d'accueil sont « limites » et la nourriture déplorable

- le personnel me parait en carence de formation y compris les éducateurs.

Seule semble fonctionner une sorte de politique excessive de socialisation et de "formatage" des adolescents en vue de les insérer dans le monde du travail.

J'ai besoin d'être informé et soutenu car aucun parent, à ma connaissance, ose bouger et objecter. Nous ne sommes jamais réunis par l'établissement pour échanger !

Pour ma part, je souhaite connaître mes droits afin de défendre les intérêts de mon enfant et indirectement ceux des autres.

●

Mon enfant a besoin de soins de kiné régulièrement. L'établissement qui l'accueille a des difficultés à recruter un kiné pour remplacer celui qui a démissionné. Peut-on faire appel à un kiné « de ville » pour remédier à cette carence et être remboursé par la Sécurité sociale ?

Ce qu'il y a de pratique dans le monde du handicap (*malheureusement !*), c'est que, quelle que soit la région, les problèmes sont les mêmes.

Peut-on parler dès maintenant d'un début de dégradation des conditions de prises en charge de nos enfants et adultes qui vont aller en s'accroissant ?

Nous craignons qu'il faille répondre par l'affirmatif.

En réaction à ton mail sur la question de l'encadrement dans les lieux d'accueil pour adultes autistes, je ne peux m'empêcher de t'exposer des faits qui me stupéfient dans la prise en charge d'adultes autistes pluri-handicapés. Garderies de luxe dis-tu ? Il est des lieux pour autistes et polyhandicapés lourds qui s'appellent MAS et qui ne sont même pas des garderies ! Pourquoi ? Ex : Hier dimanche 23 septembre 18 heures, rentrant de week-end avec mon fils, 1 seule personne était en charge d'un groupe de 10 résidants, de 13 heures à 21 heures - après 21 heures, je ne sais mais il y a fort à parier qu'une seule personne a pris le relais pour la nuit. Personne pour nous ouvrir la porte en rentrant de week-end : on a tambouriné 15 minutes Un infirmier qui était dans son local s'est déplacé pour nous ouvrir enfin.

L'aide-soignante de service dans l'Unité était occupée à une toilette. Pendant ce temps les résidents étaient SEULS dans le séjour. Il pouvait se passer n'importe quoi car il y en a qui sont très perturbés. La veille, samedi vers 11 heures du matin, c'était idem lorsque je suis venue chercher mon fils. Je cherchais quelqu'un de son Unité à qui transmettre une info et c'est l'infirmière de service qui, entendant mes appels, est venue en courant alors que ce n'est pas son rôle en principe. L'aide-soignante questionnée m'a répondu qu'elle était seule en raison d'absences pour congés ou maladie, et ne pouvait pas être partout.

Évidemment, la pauvre !!

Naturellement durant le week-end, il n'y a pas d'éducateur spécialisé, ils travaillent (1 par Unité) à des horaires de fonctionnaires, soit 9 heures à 17 heures ou 8 h 30 à 16 h 30, du lundi au vendredi. Cette situation se répète souvent, en principe il y a deux personnes par unité de 10, ce qui est déjà fort peu avec des résidents qui accaparent énormément par des soins lourds ou des comportements imprévisibles. Et on nous dit que c'est en MAS qu'il y a le plus grand nombre de personnels, plus qu'en FAM ou en Foyer de Vie. Que croire ?

Je n'ai jamais rencontré une telle situation dans les établissements fréquentés par mon fils, même dans un service de psychiatrie. Et c'est avec ce minimum de moyens qu'on s'occupe des plus déshérités de la vie dans notre pays, les plus lourdement handicapés qu'on a bien pris soin de regrouper (40) sans tenir compte que c'est une population à problèmes multiples réclamant un maximum de soins et d'attention. Voilà où nous en sommes après avoir attendu des années et des années une place dans un établissement, qui met 6 à 10 ans à ouvrir, à condition qu'ils réussissent à passer toutes les barrières et les BLOCAGES de l'Administration.

Mes tentatives de recherche d'amélioration de cette situation auprès des responsables de la MAS se sont soldées par une réponse de rechercher ailleurs une solution plus adaptée, suggérant un retour éventuel en psychiatrie de secteur... surtout ne pas se plaindre, gare au retour de bâton ! Je vais de ce pas à la MDPH, sans grande conviction, d'une réponse favorable sur une prise en charge un minimum individualisée, comme le prônent les textes, de mon fils autiste sourd aveugle, que j'ai l'impression parfois de laisser dans une jungle. Et c'est une sensation douloureuse.

•

Je m'interroge vraiment sur le sérieux de la prise en charge en institution des enfants handicapés.
1/Les IME peuvent-ils atteindre les prétentions des textes officiels relatifs à la prise en charge thérapeutique des enfants, avec les moyens qui leur sont accordés par l'État et les collectivités territoriales.
2/L'objectif politique de vouloir socialiser et insérer « coûte que coûte » des enfants handicapés dans le monde du travail, sans étayer une fragilité psychique par des soins appropriés, est-il plus près des besoins économiques que de l'humanisme ?

3/L'idée fumante administrative, qui consiste à faire suivre en IME près de 40 enfants handicapés psychiques par un psychologue clinicien est-elle acceptable ?

Plus encore, quatre heures hebdomadaires, c'est le temps passé par le pédopsychiatre dans l'IME où est mon fils, l'effectif est de 75 enfants.

On peut ainsi en déduire qu'il dispose de 3 minutes et 20 secondes pour consulter chaque enfant.

En réalité le pédopsychiatre voit très rarement les enfants : sa fonction est théorique et illusoire alors que les textes prévoient une affectation à temps complet pour cet effectif.

Les ESAT ne sont pas en forme.

La concurrence est importante et les crédits sont en chute libre.

Vient de paraître un rapport du Sénat rédigé par M. Éric BOCQUET*sur : « L'orientation et l'avenir des ESAT de France. »

*Éric Bocquet, rapporteur spécial de la mission "Solidarité, insertion et égalité des chances »

Que vont devenir, sur le long terme, les 1 350 Etablissements et Services d'Aide par le Travail (ESAT) accueillant plus de 100 000 adultes en situation de handicap ?

On apprend, dans ce rapport, que l'âge moyen des usagers d'ESAT est, environ, de 39 ans. 22 % des travailleurs d'ESAT sont considérés comme en situation de handicap psychique.

Ces données, sont-elles compatibles avec le souci de rentabilité de plus en plus imposé aux ESAT. On n'est pas loin de penser que les buts de la prise en charge des personnes handicapées dans ces établissements passent au second plan, après la volonté d'un équilibre financier à tout prix.

Le vieillissement des personnes accueillies en ESAT demande une nouvelle réflexion dans l'organisation des ESAT pour maintenir la vocation première de son rôle.

La fatigabilité et la nature des handicaps des personnes accueillies ne doivent pas passer après les objectifs financiers.

L'État se désengage progressivement, réduisant ses dotations. Les ESAT ont des difficultés à couvrir l'ensemble des charges. Les commandes sont difficiles à obtenir.

La fragilité financière des ESAT incite à renforcer le rythme du travail pour être plus concurrentiel, et pourtant les travailleurs handicapés ne sont pas titulaires d'un contrat de travail.

Que vont devenir les petits établissements ?
Vont-ils disparaître progressivement ou imposera-t-on des regroupements d'ESAT qui seront obligés d'imposer à leurs travailleurs des cadences et obligations de résultat en hausse ?

De ce fait, les ESAT s'éloigneront progressivement de leurs missions premières.
Leur vocation est de faire accéder à une vie professionnelle des personnes (momentanément ou durablement) dans l'incapacité d'assurer un poste en atelier protégé ou dans le milieu ordinaire de travail. Les ESAT doivent faciliter l'impact relationnel et psychologique, et permettre aux travailleurs handicapés d'effectuer une activité dans un cadre rassurant (réassurance, estime de soi, rupture d'isolement).
Les ESAT peuvent permettre aux personnes qui en manifestent le désir et qui ont les capacités de quitter l'ESAT pour accéder au milieu ordinaire de travail ou à une entreprise adaptée (anciennement Atelier protégé).

Cependant, les ESAT ne doivent pas négliger la prise en charge d'activités de soutien à caractère médico-social et psycho éducatif.

Un ESAT n'est pas une entreprise. Les travailleurs accueillis sont considérés comme les usagers d'une structure sociale et médico-sociale. Ils ne sont donc pas assimilables à des salariés de droit commun.

Les Travailleurs handicapés

Travailleur handicapé en milieu ordinaire ou en milieu protégé ?

Je suis la Maman d'un jeune adulte handicapé à 60 %, reconnu travailleur handicapé par la MDPH. Il peut travailler en milieu ordinaire. Embauché l'an dernier, en fin d'année, par le Conseil général, il va être licencié pour insuffisance professionnelle. Je souhaiterais avoir l'aide d'une association de défense de personnes handicapées. Il me semble que le Conseil Général embauche et, ensuite, il n'hésite pas à licencier les personnes handicapées. L'amie du jeune a déjà connu le même problème. En outre, au vu des différents rapports établis, il apparaît qu'une nouvelle orientation soit proposée mais cette fois-ci en milieu protégé (ESAT). Ce n'est pas la décision initiale de la MDPH. Qu'en pensez-vous ? Connaissez-vous, dans votre entourage, des personnes pouvant nous apporter des réponses et des conseils.

Un Établissement et Service d'Aide par le Travail est un établissement médico-social de travail protégé, réservé aux personnes handicapées et visant leur réinsertion sociale et professionnelle. L'ancienne appellation était : CAT (Centre d'Aide par le Travail).

Les ESAT sont, la plupart du temps, gérés par des associations privées à but non lucratif. Leur tarification et leur contrôle s'effectuent par les services de la délégation territoriale de l'Agence Régionale de Santé (ARS).

L'ESAT est considéré comme un établissement médico-social.

Beaucoup de familles se demandent si progressivement la finalité des ESAT n'est pas détournée.

Que de travail dans nos établissements ! Connaissant, particulièrement, depuis 24 ans les ESAT, ces établissements sont en train de dévier, une nouvelle fois, de leur mission. Ils sélectionnent et rejettent les plus faibles (les anciens et les moins productifs). Ils se comportent comme des entreprises ordinaires (productivité) alors qu'ils sont d'abord des établissements médico-sociaux. Il est urgent de réagir. Défendons la dignité de nos adultes.

Les temps sont durs. Les ESAT ne peuvent plus se permettre le moindre déficit. Il faut améliorer la productivité et, pour y arriver, prendre les travailleurs handicapés les plus performants.

Actuellement notre ESAT de S, où est notre enfant, sélectionne les travailleurs pour améliorer la production. Quant aux autres, les Professionnels veulent les diriger vers des Foyers occupationnels à prix de journée. Il en résulte la perte de statut de travailleur handicapé.

Priorité aux handicapés sociaux au détriment des vrais handicapés mentaux.

Connaissez-vous des ESAT qui pratiquent le mi-temps professionnel et le mi-temps occupationnel ?

Sous quelle forme de prise en charge financière sachant que l'ESAT est financé par l'État et le Foyer est financé par le département ?

●

Je vous contacte afin d'avoir plus d'informations sur le cas de mon frère Z. Actuellement, il est à l'IMPRO. Il a 20 ans et il doit quitter cette structure afin d'intégrer un CAJ ou un ESAT. Z préférerait travailler en ESAT. Cependant, le chargé d'insertion nous impose le Centre d'Activité du Jour. Mes parents, ainsi que moi, nous ne comprenons pas ce refus par l'administration de respecter le choix de Z.

Les éducateurs nous expliquent que mon frère n'a pas les capacités d'aller en ESAT. Pour intégrer un ESAT, il faut avoir une capacité de travail supérieure à 5 % et inférieure à 35 % de la capacité d'un travailleur valide. Mon frère remplit ces conditions. Le chargé d'insertion et les éducateurs ne sont pas capables de nous donner des raisons plus précises sur leur refus à l'orienter vers un ESAT.

Nous sommes convaincus des capacités de Z à pourvoir intégrer un ESAT. Nous pouvons témoigner de la véracité de nos informations concernant mon frère. C'est un garçon autonome et très volontaire. Nous sommes dans une incompréhension totale. De plus nous avons besoin de trouver des réponses à nos questions. C'est pour ces raisons que nous faisons appel à vous, afin de discuter sur ce sujet.

●

Je suis le parent d'un adulte trisomique actuellement en Foyer occupationnel. Pour ma part, je n'ai pas souhaité qu'il travaille en ESAT pour faire un "travail abrutissant".

Il me semble que les ESAT devraient réaliser un travail éducatif et non un travail productif. Voilà mon opinion actuelle. Par contre, je rejoins votre analyse au sujet du comportement des parents gestionnaires de grosses Associations ainsi de ceux qui sont à la base. Mais un jour il va falloir sortir de cette ornière sans quoi nos enfants et adultes handicapés vont être laissés pour compte. Un élément m'intrigue, c'est le manque de programme dans les établissements. Pourquoi ? L'Éducation Nationale a bien ses programmes préétablis suivant le degré de compréhension des élèves.

●

Mon fils trisomique a 27 ans et travaille, depuis plus de cinq ans, à l'ESAT de D.

Dernièrement, l'ESAT m'avait convoqué pour me dire qu'il travaille trop lentement et parfois il reste sans rien faire pendant 30 minutes. Il rêve et il s'enferme sur lui-même. L'ESAT compte faire une demande à la MDPH pour l'orienter vers un autre établissement qui s'occuperait plus de lui et m'a demandé si je suis d'accord.

Que dois-je leur répondre ?

L'ESAT, a-t-il le droit de mettre mon fils à la porte ?

Les travailleurs handicapés ne sont pas titulaires d'un contrat de travail. Malgré cela, ils connaissent, comme les autres, les affres de la période d'essai.

Ma fille, handicapée mentale, a fait l'objet d'une orientation « ESAT ». Elle vient d'effectuer dans un ESAT un essai de 6 mois qui n'a pas été vraiment concluant car le personnel la croit en souffrance et ne parvient pas à cerner sa personnalité. Se sent-elle bien en ESAT ou pas ? On lui a proposé un marché, à savoir une prolongation de son essai en ESAT pour deux mois. Elle a accepté, mais elle ne comprend pas bien de quoi il retourne. Elle fait de sérieux efforts et j'ai peur que si ceux-ci ne sont pas payés de succès, elle se sente trahie et que nous soyons alors, son père et moi, obligés de la "ramasser à la petite cuillère", dans un état de grande tristesse et d'incompréhension totale. Moi-même, j'ai du mal à cerner les requis de l'ESAT. Je ne sais pas si la direction est bien intentionnée à son endroit. Je n'ai le droit, ni de téléphoner, ni de contacter le moniteur référent pendant l'essai... Étrange ! Dans quel pays sommes-nous ? Depuis le début de ce nouvel essai, ma fille est stressée, tendue, ne sachant pas ce que l'on requiert d'elle. Du coup, elle a tellement peur de mal faire qu'elle s'en retrouve complètement déstabilisée et souffre réellement à présent. Je ne suis pas sûre d'avoir bien cerné les besoins de l'ESAT et les exigences de sa directrice.

Ma fille ne veut pas quitter cet établissement et s'y trouve bien, même si elle ne comprend pas toujours tout et même si elle a un peu de difficultés à se lier avec les autres. Elle refuse toute idée d'être réorientée en Foyer de vie. Nous aussi. Habitant à trois cents mètres d'un Foyer de vie, nous voyons comment les gens y sont traités et nous refusons que notre fille y aille. De toute façon, elle est capable de travailler et elle souhaite rester en ESAT. La réunion de synthèse, à la fin des six premiers mois avec la direction et le personnel de l'ESAT, a été un

simulacre de réunion. Seule la directrice a parlé.
Ma fille et moi, nous avions l'impression d'être dans
un tribunal. J'avais l'impression d'être un avocat de
la défense sans aucun pouvoir. Ma fille et nous-
mêmes avons mis notre confiance dans le personnel
de l'ESAT. Nous avons, à présent, la triste
impression qu'il y a beaucoup d'incompréhension et
que l'on manœuvre sournoisement dans notre dos.
Il y a un réel manque de transparence, de respect de
la personne, de sa volonté et du savoir de ses
parents. La prolongation de l'essai a commencé le
1er... 25 jours seulement après le début de ladite
prolongation, qui en théorie doit durer deux mois
(!!!), nous recevons de la MDPH une convocation
pour un examen psychiatrique de ma fille. Je
voudrais savoir si :

1. la MDPH a pu décider cela toute seule et
pourquoi ? Suite aux questions que j'ai pu être
amenée à lui poser ?

2. si la direction de l'ESAT a pu entamer une
démarche de réorientation sans nous en aviser
et sans même que le nouvel essai soit terminé.

3. quels sont nos recours si une réorientation
est décidée dans notre dos ?

4 si la personne handicapée a le droit à la parole, à être entendue, à participer à l'élaboration de son projet de vie. Comment des gens totalement étrangers à sa vie, à son cas, peuvent-ils décider de son sort de la sorte, dans son dos ? N'avons-nous pas droit à la parole, à l'information ?

5. si le tuteur a le droit de demander à être reçu par le psychiatre qui effectue l'examen et à consulter le dossier médical de la personne.

6. si la direction de l'ESAT, suite à sa propre incompétence à cerner la personne, peut être à l'origine de la demande d'examen médical.

Le travail en ESAT doit être un travail adapté selon les handicaps des personnes. Il est cependant régi par des droits mais aussi des devoirs, comme tout salarié, que ce soit sur le temps de travail, les absences, les modalités d'un licenciement, les soins...
Le travailleur s'y perd... un peu, ainsi que la famille.

Quelles lois régissent le temps de travail hebdomadaire des personnes handicapées dans un ESAT (minima et maxima) ? L'annualisation du temps de travail est-elle possible pour les travailleurs handicapés ?

Un ESAT n'est pas une entreprise.

Normalement, les travailleurs accueillis sont considérés comme les usagers d'une structure sociale et médico-sociale.

Ils ne sont donc pas assimilables à des salariés de droit commun.

Et pourtant !

Peut-être pourriez-vous répondre à mon interrogation. Mon fils est dans un ESAT. Il est employé à 70 % car il a des soins médicaux importants en après-midi, 3 jours par semaine. L'ESAT fait parfois des sorties ou des activités le vendredi. L'ESAT est donc fermé. Mon fils ne peut pas y participer car soins médicaux obligent. Il est d'office mis en congé. Les congés sont décomptés par journée et demi-journée. Il se retrouve, donc pour une absence de 3 h 50, imputé de 7 h de congé. J'ai demandé au directeur de prendre en charge ces 3 h 50 du fait que les autres ne sont pas productifs pendant ces mêmes heures et, qui de plus, bénéficient de la journée payée sans être en congé, du voyage, du restaurant et autres activités. Existe-t-il un recours qui peut trancher cette situation ?

●

Je vous présente un dossier concernant la situation d'un travailleur en ESAT sur le problème d'un arrêt maladie transformé en absence pour convenance personnelle. Si le médecin a fait une prescription d'arrêt de travail, la personne concernée ou l'ESAT aurait dû transmettre cet arrêt de travail à la Sécurité sociale. En cas de maladie, les indemnités journalières de la Sécurité sociale auraient été calculées sur la moitié de la moyenne des trois derniers mois de salaires bruts avec 3 ou 4 jours de délais de carence. S'il s'agit d'un accident du travail, c'est différent. Si la personne est en invalidité c'est encore autre chose.

Ce qui me gêne, c'est la convenance personnelle. Risque-t-elle d'avoir des incidences sur le contrat de travail ? Je ne connais pas les contrats de travail des ESAT. Dans le milieu professionnel ordinaire, l'employeur peut considérer le salarié comme démissionnaire.

●

Travailleur en ESAT et délégué des travailleurs, j'ai eu une mise à pied de trois jours, sans salaire, pour avoir emporté un thermos dans mon atelier. En fait, l'administration me reproche « de ne pas me laisser faire ». Je viens d'être réélu avec une forte majorité. Je trouve cette sanction injuste et disproportionnée. Pouvez-vous écrire au Président de l'association ?

●

Mon ESAT me propose solde de tout compte.

Le transport des travailleurs handicapés est pris en charge par les ESAT. Certains établissements organisent des tournées de transport collectif. L'idéal, quand cela est possible, est le transport individuel qui permet de développer l'autonomie.

Père d'une fille de 38 ans, mariée, un enfant, elle travaille à l'ESAT de N.
À partir d'aujourd'hui, bien qu'elle puisse solliciter le transport spécifique pour personnes handicapées pour faire ses courses, le syndicat mixte des

transports refuse de la prendre pour qu'elle se rende à son travail prétextant qu'il appartient aux ESAT d'effectuer ces déplacements. Depuis que j'ai eu connaissance, l'ARS de ma région a été prévenu, l'ESAT aussi.

Aucune solution à ce jour n'a été trouvée.

En conséquence, ma fille avait le choix, soit de ne plus travailler ou soit demander à son père de la véhiculer, ce que je vais faire bien évidemment. Ma fille est hémiplégique depuis la naissance. Elle marche avec une canne.

Âgé de 71 ans, je souhaite trouver une solution pérenne. Pour ma part, retraité, je ferais 200 km par jour. 800 km par mois (consommation essence 48 litres - 74 € par mois).

Si ma fille prend une aide à la personne, cela coûte 0,35 € du km et 20e de l'heure.

De toute façon, elle ne demande pas d'argent. Elle demande simplement de vivre comme tout le monde. J'ai saisi le ministère.

J'envisage de déposer plainte pour discrimination mais aussi atteinte à la vie privée puisqu'en fonction de sa destination, il la prenne ou non.

Avez-vous une jurisprudence ?

Le manque de places d'accueil se fait aussi ressentir en ESAT dans toutes les régions de France.

Comme pour les autres orientations vers les établissements spécialisés, certaines familles sont obligées de « penser » à la Belgique, ne supportant plus de devoir attendre et encore attendre.

Cependant, depuis quelque temps, il n'y a plus d'orientation directe possible de personnes françaises dans les ESAT belges.

Nous avions été en contact, il y a quelques semaines concernant le devenir de ma fille handicapée. Vous m'aviez transféré tous les éléments concernant la prise en charge des adultes handicapés en Belgique. Après étude de ces éléments et visite d'un ESAT, notre fille est motivée pour ce type de structure.

Nous avons pris contact avec l'association X sur le Nord qui nous a informés qu'il y a de longues listes d'attentes (jusqu'à 4 ans dans certains établissements). Connaissez-vous des structures ESAT en Belgique pour des jeunes adultes avec un retard mental léger ?

•

Je tiens à vous remercier en premier lieu pour le temps que vous venez de m'accorder par téléphone. Ma fille est actuellement intégrée dans un IEM dans le N. Nous avons déjà visité plusieurs ESAT et des Foyers de vie sans succès.

Nous nous orientons vers la Belgique pour organiser sa prise en charge.

Les Conseils de Vie Sociale.

Les familles ont voulu y croire aux CVS. Enfin, elles qui se plaignaient de ne pas participer à la vie de leur enfant ou adulte dans les établissements, les Conseils de Vie Sociale allaient leur apporter l'outil nécessaire.

Certes, les CVS n'ont qu'un avis consultatif, mais sur le papier, « ce n'est pas si mal que ça ! ».

Et pourtant !

Le Conseil de la Vie Sociale est obligatoire lorsque l'établissement ou le service assure un hébergement, un accueil de jour continu ou une activité d'aide par le travail. Lorsque le Conseil de la Vie Sociale n'est pas mis en place, il est institué un groupe d'expression ou toute autre forme de participation ».

Le Conseil de Vie Sociale devient (normalement) un élément important de la vie d'un établissement.

Que de difficultés pour que le CVS de l'établissement se tienne régulièrement.

●

En tant que papa d'un enfant handicapé, je suis membre du CVS de l'établissement dans lequel mon fils est accueilli. Le but de votre association pose parfaitement les problématiques, et les voies à emprunter pour les résoudre.

Les parents ont cette obligation nécessaire de se tenir les coudes et d'être informés et formés aux différentes fonctions que nous aimerions pouvoir remplir. Mon souhait, de faire évoluer la situation au sein des établissements qui s'occupent de nos enfants, m'amène à rentrer en contact avec vous.

Dans la mesure où, effectivement, je rencontre avec d'autres parents de grandes difficultés pour nous faire entendre, et prendre notre place dans la vie de l'association qui gère l'établissement. Cela est valable aussi bien auprès des professionnels responsables qu'auprès de certaines personnes en charge du fonctionnement associatif. Il me semble nécessaire de pouvoir trouver des appuis et des conseils.

En espérant une collaboration fructueuse.

•

Je suis assistant familial et militant pour les causes des personnes adultes et enfants en situation de handicap. Je suis également vice-président du CVS de l'IME de l'I et membre, depuis peu, du Conseil d'Administration dans lequel il est difficile de faire entendre la voix des personnes accueillies dans ces structures IME, MAS et FAM.

Si tous les parents estiment que les CVS auraient pu être une avancée dans la prise en compte de l'avis des parents (ou des tuteurs), beaucoup estiment qu'ils ne fonctionnent pas suffisamment bien.

Rares sont les établissements qui n'ont pas mis en place les CVS, mais il en existe encore. Les CVS devraient permettre un échange fructueux dans la relation parents professionnels.

Cette mise en place doit permettre de valoriser l'expression de tous les parents par l'intermédiaire de leurs représentants.

À propos du CVS, m'est-il permis d'avoir l'adresse de toutes les familles car jusqu'ici c'est le Directeur de la MAS qui envoyait la convocation ? Malheureusement, je peux vous dire que sur 40 résidents, il y avait, à chaque foi, 5 ou 6 familles, dont moi-même !

J'essaie même d'interpeller certains parents sur le parking lorsque j'en rencontre, mais souvent c'est un refus catégorique sous prétexte : "j'ai assez fait, je travaille, etc."

Désespérant !

Comment les motiver ? De plus, certains résidents ont la cinquantaine passée et plus de famille. Je ne vois jamais les tuteurs.

La mise en place et le fonctionnement des Conseils de Vie Sociale dans chaque établissement sont deux éléments importants de la nouvelle loi qui régit le monde du handicap.

J'ai assisté au premier Conseil de Vie Social et j'ai été élue présidente... Ce qui va me permettre d'appréhender encore mieux le fonctionnement général et de tenter d'y apporter des propositions pour trouver des solutions. Vous avez raison, les prétextes financiers vont bon train. On se demande ce que l'on va nous demander de supporter encore par « manque de sous ».

Lors du dernier CVS, les jeunes se sont plaints d'avoir froid l'hiver sur une unité où résident principalement des jeunes myopathes.

Réponse : en effet, il nous manque 300 000,00 € pour financer les travaux nécessaires.

●

J'aimerais savoir si dans un ESAT, il est normal qu'aucun parent d'adulte handicapé ne siège au Conseil de Vie Sociale.

●

Pour que les avis du Conseil de la Vie Sociale soient pris en compte, il pourrait se créer une commission tripartite où les décisions seraient prises d'un commun accord, entre le ou les représentants des parents ou tuteurs, la direction de l'établissement et le représentant plénipotentiaire de l'association. Les parents connaissent mieux que quiconque les centres d'intérêts de leur enfant et les difficultés à effectuer certaines tâches. Ainsi, ils devraient pouvoir émettre des propositions constructives (aménagement des locaux, sorties éducatives, etc.). Nous devons avoir un accès sans restriction au grand livre comptable de l'institution, celui où sont inscrites, ligne par ligne, toutes les dépenses et les recettes. Cette connaissance nous permettrait de discuter, à égalité, avec le directeur de l'établissement et le représentant de l'association et sera aussi un rempart à toutes concussions.

●

En tant que Présidente du CVS de la MAS où réside mon fils, je souhaiterais être en contact, si cela est possible, avec des personnes qui ont la même fonction. Nous pourrions échanger nos expériences sur le fonctionnement du CVS. Je précise que cette MAS est au sein d'un Hôpital Psychiatrique car il s'agit plus particulièrement d'autistes. Il y a aussi des personnes polyhandicapées.

Cette situation fait que le côté Médico-social et l'Éducatif est quantité négligeable aux yeux de la Direction.

En fait il n'y a pas de Directeur pour cette structure. Cette responsabilité est donnée à un psychiatre vacataire. En sachant cela, vous devinerez vite les problèmes et les tiraillements qui en découlent. L'ambiance générale n'est pas sereine aussi bien dans le domaine « éducatif » que dans le domaine « sanitaire ».

●

Le Conseil de Vie Sociale a été mis en place dans l'établissement depuis de nombreuses années. Il n'y a jamais beaucoup de candidats.

Les réunions se tiennent dans les locaux du Foyer de Vie.

Nous sommes avertis de la date et du lieu des CVS

C'est le directeur de l'établissement qui demande aux parents s'ils ont des questions à poser au CVS.

Il n'y a aucune réunion de parents pour préparer les CVS.

Depuis l'entrée de ma fille, je n'ai eu connaissance que d'un seul compte rendu où il était traité du budget prévisionnel de l'année, présenté par le directeur.

Figurent aussi des renseignements comme les transferts, les sorties...

La date et l'heure de la prochaine réunion du CVS sont indiquées.

Je ne sais pas qui écrit le compte rendu mais il est signé par la Présidente du CVS qui est un parent.

Le but de ce chapitre n'est pas de reprendre l'ensemble des articles du décret, les uns après les autres, mais de montrer l'aspect fondamental des droits des parents.

Les parents ont du mal à se faire entendre, soit parce qu'ils n'osent pas, soit parce qu'ils n'ont pas les moyens.

Parents, exprimez-vous !

Ils doivent demander la mise en place des Conseils de Vie Sociale et, surtout, leur bon fonctionnement qui reste laborieux dans certains établissements.

L'installation de Conseils de Vie Sociale doit être effective.

La loi doit être appliquée par tous.

Tous les établissements, y compris les ESAT, doivent avoir leur Conseil de Vie Sociale.

Je me permets de vous écrire car je fais partie du CVS dans une MAS où se trouve mon fils.

Il y a eu une nouvelle élection car un parent a démissionné. J'ai donc été élue au début de cette année. Une réunion a été faite, peu après, afin de nous signaler que le CVS ne pouvait plus fonctionner uniquement avec des parents élus en tant que président et vice-président. Maintenant, ces postes devaient être occupés par des représentants des usagers.

La Directrice propose de mener une action afin de savoir s'il y a la possibilité qu'un résident puisse se porter candidat. Trois mois après, nous n'avons aucune réponse, de sa part, sur l'éventuel candidat.

Il me semble logique, surtout dans une MAS, de faire un constat de carence et d'organiser des élections parmi les parents des résidents. Avons-nous le droit de demander une date butoir pour faire ce constat de carence ?

Existe-t-il un délai pour trouver ces candidats résidents ?

Depuis de nombreux mois, nous n'avons plus aucune réunion du CVS alors qu'il y a tant de choses à faire et à discuter avec la direction.

●

J'aimerais parler du fonctionnement des CVS, mais il n'y a toujours pas de CVS dans l'établissement qui accueille notre enfant.

●

Les CVS fonctionnent moyennement car peu de parents sont motivés.

Il n'y a pas de réunion de parents avant les CVS.

Je fais partie du CVS de l'établissement qui accueille ma fille. C'est une MAS.

J'entretiens de bonnes relations avec le parent qui est président.

Le compte rendu du CVS est fait, depuis peu, par le secrétaire qui est un parent.

Avant, c'était le directeur qui s'en chargeait.

Les convocations sont établies et les parents sont avertis.

Les rares questions remontent au CVS

Je ne juge pas utile de renforcer les CVS car j'estime que s'ils fonctionnaient normalement, ce serait déjà bien.

Suite à des difficultés dans l'établissement où se trouve ma fille, a été créée une Amicale de parents en association 1 901. L'association gestionnaire qui est une des plus importantes en France ne la reconnaît pas du tout et l'ignore totalement.

Le directeur de la MAS a changé et les relations entre lui et l'Amicale sont bonnes.

Je conseille aux parents ayant des difficultés dans les établissements de se constituer en association de parents.

•

En tant que Présidente, je prépare l'ordre du jour, mais le Directeur du Centre Hospitalier où se trouve la MAS veut que je le consulte sur ce sujet. Ensuite, le médecin psychiatre exige d'être informé avant la diffusion de l'ordre du jour, puis la cadre socio-éducative... Ces réunions, manifestement, les perturbent car ils n'ont pas le contrôle sur la procédure !

•

Il faudrait que ces CVS soient bien acceptés. Pour cela, il faut faire confiance aux parents qui l'organisent. Les Directions d'établissement seraient vraiment des partenaires si elles avaient, pour unique objectif, l'amélioration la situation des personnes handicapées dont elles ont la charge. En fait, c'est le contraire qui se passe. On sent des réticences et des doutes. Parfois même, on bute sur des questions futiles au lieu d'avancer. Ceci dit, c'est vraiment une bonne chose que la création de ces Conseils qui permettent aux familles de s'exprimer ensemble. Je suis persuadée que le ou la personne qui a la responsabilité de la présidence, a une position « risquée » face à certaines directions qui ne sont pas toujours de bonne foi et pas vraiment partie prenante de cette organisation.

●

Au Foyer, c'est le Président du CVS qui se charge de la rédaction du compte rendu des réunions. À l'IME, c'était la secrétaire de l'établissement qui s'en chargeait. Une réunion de parents est systématiquement organisée, quinze jours à trois semaines avant le CVS qui se tient 3 fois par an.

Les parents peuvent aussi téléphoner aux parents élus au CVS.

Ces réunions de parents se font en l'absence de tout personnel de l'établissement qui est informé de la tenue de cette réunion. Les observations et les questions peuvent ainsi remonter au CVS.

30 % environ participent à ces réunions de parents. Peu de questions sont posées par les parents au CVS.

C'est le Président du CVS qui rédige le compte rendu et qui mène la réunion.

Lorsque j'étais président du CVS, j'envoyais aux autres membres copie du compte rendu ainsi qu'au directeur. Ainsi, ils pouvaient apporter éventuellement des précisions à ce qui avait été écrit. Je n'ai jamais refusé d'ajouter ce que me demandait un directeur car il n'y avait aucune raison de le faire.

L'ordre du jour est finalement pratiquement toujours le même.

Il est établi en concertation.

Après réflexions, je pense que si les CVS fonctionnaient pleinement dans l'application des textes existants, ce serait déjà bien.

●

Nous ne sommes pas avertis de la date du CVS. De ce fait, on ne nous demande pas si nous avons des questions ou observations à faire remonter au CVS.

Il n'y a jamais de réunions préparatoires. Les comptes rendus, avec l'ancienne direction, étaient seulement adressés aux familles tutrices. Maintenant, nous avons les comptes rendus. Je ne sais pas qui rédige les comptes

rendus. Des engagements sont pris mais pas mis en place.

De même, je ne sais pas qui fixe l'ordre du jour.

Il est utile et nécessaire que les CVS aient des pouvoirs

plus élargis. Cela devrait permettre aux familles d'avoir

un droit de regard sur le fonctionnement de

l'établissement et sur les questions importantes. Le CVS

ne doit pas être que consultatif comme actuellement.

●

Le conseil de Vie Sociale a été mis en place dans
l'établissement depuis l'ouverture de l'établissement en
2001.

J'ai participé aux élections avec l'ancienne direction. La
nouvelle direction a changé les règles. Les parents non-
tuteurs n'ont plus le droit d'y participer.

Il n'y a jamais beaucoup de candidatures, une ou deux.

De la bonne application des CVS

Je suis présidente du CVS depuis plusieurs années.
Les relations avec la direction sont bonnes mais fermes.
Nous ne laissons rien passer. La possibilité de saisir
l'ARS en cas de conflit sérieux oblige les partenaires à
écouter les représentants des familles. Nous essayons

d'avoir des contacts avec leurs familles. Exemple : lors de l'arrivée d'un nouveau résident, nous envoyons un petit courrier de bienvenue et nous présentons le rôle des représentants des familles du CVS. Nous leur donnons nos coordonnées et nous leur proposons de les rencontrer. En cas de décès, nous participons à l'inhumation. Nous envoyons un courrier et nous proposons une visite. Cela nous permet de savoir comment ont été faits l'accompagnement et les informations à la famille.

Cela nous a amenés à faire une demande de formation d'accompagnement en fin de vie pour les personnels. Cette formation s'organise avec l'Association des Soins Palliatifs de l'Hôpital de....

Avant chaque réunion du CVS, il y a une réunion informelle avec la direction, le président et le vice-président où nous exposons nos préoccupations (il y en a toujours). Nous décidons de l'ordre du jour de la future réunion.

•

Je voudrais vous faire part de la représentation des résidents au CVS.

Je suis tout à fait d'accord sur le fait que cette représentation est pratiquement inexistante car nos résidents ont des handicaps profonds. Ils sont nommés parce qu'il faut qu'ils le soient, mais ils ne comprennent évidemment rien. Donc, ces nominations n'auraient pas lieu d'être.

Lors de la tenue du CVS, j'ai souvent remarqué que les représentants du personnel étaient en nombre supérieur aux représentants familles. Le Directeur évoque le fait que, par rapport aux questions posées dans l'ordre du jour que j'envoie au moins 15 jours avant la tenue du CVS, il fait venir tel ou tel membre du personnel pour y répondre. Le Directeur des Soins s'invite systématiquement. Il en est de même pour la Cadre de Santé (nous sommes gérés par un hôpital), le Psychiatre Responsable de la MAS évidemment et un représentant de chacun des syndicats.

Chaque CVS peut avoir un fonctionnement propre à sa spécificité, en fonction des handicaps accueillis.

Il est bon que ce Conseil existe car il permet de nous exprimer sur tous les sujets. Malheureusement, nous n'avons pas toujours gain de cause et encore bien moins accès à la gestion. Par ailleurs, ce que je déplore, c'est que l'on ne nous soumet pas toujours certains changements comme ceux du personnel, des modifications de fonctionnement ou des décisions importantes, avant de les appliquer. On a l'impression que notre avis n'avait que peu d'importance.

•

Je souhaiterais avoir votre avis sur la représentation des usagers au Conseil de Vie Sociale. Les familles disposent de 2 représentants et les résidents de 3. Un de plus que sous la mandature précédente sans que l'origine de cette modification n'apparaisse dans les comptes rendus.

A quoi correspond cette représentation des résidents dans un établissement comme une MAS ?

95 % des usagers sont des polyhandicapés mentaux profonds. L'instrumentalisation de ces représentants pourrait mettre systématiquement en minorité la représentation des usagers face à l'administrateur de l'établissement.

Proposition d'un parent.

Les parents s'investiraient peut-être plus si les Conseils de la Vie Sociale étaient autres que consultatifs. Je vous fais part de mes suggestions. Elles n'émanent pas d'un collectif. Elles n'engagent que moi.

Que les présidents, représentant les parents au CVS de chaque établissement, soient mandatés (ou un élu délégué) pour assister au Conseil d'Administration annuel de l'association. Ils pourraient ainsi faire un compte rendu, à l'ensemble des adhérents présents lors de l'AG, des sujets soulevés durant les séances du CVS.

Il est vrai que cela risquerait d'allonger les séances des associations ayant une trentaine d'établissements.

L'avantage, c'est que cela recentrerait les objectifs qui définissent les buts associatifs.

L'objectif est de sortir des axes généraux pour mieux se recentrer sur le cœur des institutions.

Pour cela, il faut disposer d'une salle de réunion.

Nous pourrions réunir les parents et tuteurs pour préparer le prochain CVS, au moins 3 semaines avant la date. De 18 heures à 22 heures, heures plus accommodantes pour les personnes actives.

Il faut que la date du prochain CVS soit connue 6 semaines avant.

Un des élus titulaires des parents reçoit les adresses des parents et tuteurs des résidents afin d'établir un lien direct CVS-familles, avec l'obligation de se servir de ces adresses en toute discrétion.

Nous souhaitons le remboursement des frais de trois affranchissements par an et par parent ou tuteur de résident.

Dans les maisons de retraite, lors des résultats des élections, à égalité de voix, ce n'est pas judicieux que ce ne soit pas le plus vieux qui soit élu ; (sans préjuger des capacités intellectuelles de la personne concernée).

Ce serait bien qu'il y ait une journée de formation donnée par un centre agréé à un parent élu titulaire au CVS afin de l'informer sur :

Le fonctionnement du CVS.

Son rôle de titulaire représentant les parents et tuteurs.

Son rayon d'action.

Le cadre dans lequel il peut agir.

Ses droits et devoirs.

Contrairement à ce que beaucoup de personnes pensent, les parents ne peuvent pas forcement adhérer à l'association gestionnaire et être un membre à part entière.

Des CVS aux Conseils d'Administration des associations gestionnaires d'établissements.

Les parents sont-ils les bienvenus dans la participation du fonctionnement des associations gestionnaires ? Et pour quoi faire ?

La rivalité entre les associations gestionnaires existe réellement.

Elle prend toute son ampleur lors des dépôts de projets de création d'un établissement spécialisé.

Il n'est pas rare qu'une association ayant travaillé longuement sur un projet d'ouverture d'établissement se fasse « souffler », dans les dernières semaines de travail et de contacts, ses chances d'aboutir à cette concrétisation.

Mieux encore, une association qui souhaite présenter un projet de création dans un département ignore le plus souvent s'il y a d'autres projets semblables au sien.

Et c'est bien dommage car il pourrait y avoir conjugaison des efforts. Développer un projet complémentaire.

Chaque association gestionnaire se garde bien de dévoiler ses projets à une autre, sauf si elle fait partie de la même fédération. Et encore, il y a beaucoup à dire !

Tout cela sera encore plus amplifié lorsque seront mis en place des appels à projet mettant en concurrence les associations comme dans n'importe quel secteur commercial.

Le fameux prix de journée sera mis à mal. Il risque de glisser progressivement vers le bas.

Nos établissements spécialisés deviendront-ils de simples garderies où un minimum de soins et de prise en charge ne seraient plus assurés que par défaut ?

Ceux qui le pensent sont nombreux.

L'enfant ou l'adulte handicapé va au gré des places d'accueil, là où il y a de la place... parfois jusqu'en Belgique.

L'État, par son inertie à prendre en charge lui-même le monde du handicap mental, a laissé faire, créant des associations qui sont devenues de véritables « forteresses » brassant beaucoup d'argent (de l'État) et employant de nombreux personnels.

Mais qui dirigent ces associations ? Sont-elles à l'abri de rivalités internes comme dans les autres sociétés commerciales ?

Les parents qui ont leur enfant ou adulte handicapé accueilli dans une association gestionnaire peuvent-ils s'intéresser ou participer à la gestion de ces associations ?

Rien n'est moins sûr.

Dans tous les cas, il faut faire preuve de « bonne mesure » de leur part.

Il existe encore de véritables associations gestionnaires de parents. Là aussi les « choses » se compliquent. La rigueur financière et la gestion des établissements deviennent un véritable métier. Et si le parent, par sa profession, peut apporter son concours dans le domaine de la gestion des associations, tant mieux.

Pour les autres, ce sera difficile de trouver une place valorisante

Nous sommes à un carrefour sur ce que peut être l'apport de la participation des parents à la vie associative des établissements.

Un peu perdus dans le domaine financier, les parents s'intéressent plus volontiers à la prise en charge de leur enfant, et c'est bien normal.

Mais là aussi, ils se heurtent très souvent aux prérogatives des professionnels.

Faire participer les parents, certes, mais à condition qu'ils se tiennent à leur place.

Trouvez-vous ces lignes sévères, voire simplistes ?

Et pourtant, combien de parents s'intéressent réellement à l'association gestionnaire qui accueille leur enfant ?

Combien y adhèrent (quand ils en ont le droit) ?

Combien d'associations gestionnaires organisent de réelles élections dans leur Conseil d'Administration de peur d'en perdre la maîtrise ?

Que deviennent les pouvoirs des parents envoyés sans nom de bénéficiaire lors des AG et du renouvellement des Conseils d'Administration ?

Et l'État, quand se décidera-t-il à obliger les associations gestionnaires à prendre au moins 50 % de parents au sein de leur Conseil d'Administration ?

Reste aux parents de trouver leurs places dans ces associations gestionnaires qui, pourtant, accueillent leur enfant et adulte.

Ce serait légitime !

Les amicales de parents, lieux d'échange et de solidarité, commencent à se créer même au sein d'associations gestionnaires qui se réclament elles-mêmes « associations de parents ».

On le devine, ces amicales ne sont pas les bienvenues.

Elles sont totalement légales. Et si elles sont légales, les associations gestionnaires ne peuvent pas s'y opposer.

Au contraire, pour elles, si elles en prennent conscience, plutôt que de se fermer, elles pourraient y trouver un second souffle.

Alors, avec tout cela, beaucoup de parents préfèrent se montrer discrets, très discrets.

On ne sait jamais, les places sont encore tellement rares.

Il est inéluctable que dans une période de temps plus ou moins court, la plupart des associations, gérant un seul établissement, faute de candidats voulant assumer la succession du président, fusionneront. Les grandes associations gèrent un trop grand nombre de centres, pour discuter lors de l'Assemblée Générale, d'un cas particulier au sein d'un établissement. Si vous avez la chance de réunir quelques parents adhérents partageant vos convictions, et si vous envoyez, une quinzaine de jours avant la tenue de l'assemblée, une lettre recommandée au président de l'association pour qu'une question soit inscrite à l'ordre du jour, vous avez toutes les chances, si celle-ci n'est pas dans l'objectif du bureau, de la voir balayée d'un revers de manche. Lors de la dernière Assemblée Générale, je fus en désaccord avec une résolution inscrite à l'ordre du jour, certains adhérents présents rejoignaient mon opinion, le Président s'était « rassuré » en relevant entre le pouce et l'index le paquet de pouvoir en sa possession. Les Assemblées Générales qui devraient être des lieux de décisions ne sont plus que des chambres d'enregistrement. D'où une démotivation des personnes dont le handicap est une de leurs préoccupations. Le président ne devrait pas cumuler plus de pouvoir que ce qui est accordé à chaque adhérent et le vote par correspondance doit être institutionnalisé.

●

Il me semble que le problème des CVS qui ne fonctionnent pas très bien est dû à la structure des associations et à la nomination ou désignation des administrateurs de ces associations.

C'est là le départ de tous les problèmes.

Avec la mise en place des CPOMS, les CVS n'auront aucune possibilité de regard sur les finances de l'établissement. Le budget pluriannuel est voté par le CA.

D'où l'importance pour les parents en général de se présenter aux postes d'administrateurs quand cela est possible.

Ce point est fondamental.

Beaucoup d'associations bloquent les postes d'administrateurs alors qu'ils fonctionnent avec l'argent de l'État. Cela n'est pas acceptable.

Je crois que c'est ici le véritable débat.

Pour ma part, la candidature aux CVS doit être totalement libre et ne peut être interdite à qui que ce soit. Je ne peux pas imaginer qu'une fonction au sein d'une association soit interdite de candidature à un CVS.

Pour une question de liberté et par respect pour les véritables associations de parents.

Encore une fois, il me semble important que la représentation des parents aux CA des associations existe.

●

Comment sont contrôlés les établissements ? Nous constatons la passivité des parents, l'indifférence des administrateurs, le manque de formation du Président et autres membres du Bureau. Les directeurs des établissements gouvernent dans la quasi-totalité des associations. C'est désolant, cette gouvernance sans contrôle. Ce n'est pas dans l'intérêt des personnes handicapées mais plutôt dans le confort de fonctionnement des associations. Il n'y a aucune autorité qui intervient réellement. Les personnes qui ont le courage de faire observer cela prennent certains risques.

●

Alors que pour toutes sociétés d'intérêt privé en m'adressant au greffe du tribunal de commerce pour quelques euros, j'obtiens leur bilan sans avoir à justifier d'un intérêt particulier ; qu'il en soit de même pour les bilans des associations qui vivent principalement des fonds publics.

●

Dans l'établissement, les publications des chartes sont affichées dans des endroits où elles sont illisibles ce qui ne choque personne parmi le Conseil de la Vie Social qui est réduit à un rôle de marionnettes avec des membres nommés d'office par la hiérarchie de l'association gestionnaire.

●

Je suis étonné par la façon cavalière dont l'association a traité les bilans de l'évaluation interne et externe dans la MAS. Désinvolture d'autant plus grave et lourde de conséquences pour l'avenir qu'il s'agit, avec le polyhandicap, de mobiliser des spécialistes de la motricité, de la sociologie et bien sûr les familles, ce qui n'est pas une mince affaire.

Lors de l'évaluation, on a vu venir le sous-directeur de l'O avec son ordinateur et écouter les membres du comité de pilotage, suivant la démarche commandée ou dirai-je téléguidée par l'ANESM.

Questions papiers rien à redire ! Mais où sont les parents, les professionnels, les élus avec des idées, des remarques, des projets, des jugements ?

A quoi va servir cette initiative d'évaluation, démarche qui se fait partout et avec urgence dans le domaine du polyhandicap.

Cela du fait du désintérêt des familles et de la non-implication des élus. Cela n'aura servi qu'à dédouaner les bureaucraties qui, elles, ont rempli leur mission.

●

*Parents d'un jeune homme accueilli en ESAT,
professionnels du secteur social à la retraite, militants
associatifs, nous pensons que les associations
gestionnaires, malgré leur volonté de vouloir continuer à
gérer leurs établissements et services, éprouvent de plus
en plus de difficultés à s'organiser.*

*Elles sont prises en tenaille entre les décideurs et payeurs
locaux. Les lois dites d'orientation, qui par manque de
contrôle dans leur application, sont devenues autant de
lois de démission.*

*Les organisations professionnelles tendent à privilégier
la satisfaction de leurs besoins, prioritairement à ce qui
est leur métier au service de celles et ceux qu'elles
accompagnent.*

Problèmes de transport

La plupart des enfants et adolescents handicapés
fréquentant un établissement spécialisé sont en externat
avec le repas de midi pris dans l'établissement.

Le transport est compris dans le prix de journée.

Ce sont les établissements qui organisent le ramassage
scolaire en faisant appel à des prestataires. Le transport
n'est pas individuel, car trop onéreux.

Pour économiser un maximum d'argent sur ses frais, le prestataire chargé du transport peut prendre cinq à six enfants dans une même camionnette. Le moins chanceux des enfants est celui qui est le premier pris au foyer familial et déposé le dernier le soir. Celui-ci a un transport qui, dans certains cas, atteint les deux heures par trajet, soit quatre heures par jour, sans compter les embouteillages des grandes agglomérations. En Ile-de-France, la distance moyenne entre l'établissement d'accueil et le domicile de l'enfant se situe sur une fourchette allant de 25 à 35 km.

Ces trajets trop longs entraînent régulièrement des complications. Imaginons ce que chacun d'entre nous ressentirait s'il avait au minimum trois à quatre heures par jour de transport pour se rendre à son travail.

Je vous écris de la part de U qui vous a contacté précédemment par SMS. U désire avoir des conseils concernant la prise en charge du transport de son enfant handicapé vers l'établissement où il est admis. En effet, son enfant autiste trisomique est pris en charge dans un établissement à une heure de transport de son domicile. L'établissement organisait un ramassage des enfants avec un chauffeur et une accompagnatrice. Cet enfant a eu des gestes un peu violents envers l'accompagnatrice et, suite à cet incident, l'établissement ne veut plus assurer le transport.

U travaille. Son mari est en invalidité. Il est difficile de conduire seul cet enfant en voiture car cela peut s'avérer dangereux suite ses crises.

La famille a rendez-vous demain avec l'établissement et elle aimerait avoir des conseils pour trouver un moyen de transport.

●

À son entrée à l'EMP, F avait un taxi depuis notre domicile.

Ensuite, nous le déposions à V, ce qui leur fait gagner un bon trajet depuis quelques années.

Tous les enfants de l'EMP sont pris chez eux et ramenés chez eux. Aujourd'hui F ne va pas au centre le mercredi car le Directeur refuse de venir le chercher à la maison et de nous le ramener vers 14 h 30. Au mois de juillet dernier, ma femme étant en congé maternité, F a été absent durant 1 mois car le directeur a refusé également de venir le chercher durant tout le mois de juillet.

●

Mon enfant autiste est accueilli en institution à P alors que j'habite L. Jusqu'au début de l'année (et ce depuis plus de trois ans), les frais de transport en ambulance de ma résidence jusqu'à l'institution étaient pris en charge par la CPAM. Sans préavis, le paiement a été interrompu et la compagnie d'ambulance me réclame quatre mille euros. Le recours en commission a été négatif. Je ne sais comment faire ?

•

Problème de transport pour une famille qui habite à la limite de deux départements et dont l'enfant, avec dérogation, va dans un centre situé dans le département voisin de celui où se trouve le domicile. Ils apprennent, du jour au lendemain, que le transport de leur enfant ne sera plus assuré et qu'ils doivent s'en charger. Selon la circulaire du 29 août 1986, le mode de transport est inclus dans le budget des établissements. Comment concilier le transport à la vie de la famille et au travail des parents car il leur faudra rouler quotidiennement plusieurs dizaines de kilomètres ?

•

Je prends contact concernant un problème de surfacturation de transport pour un enfant se rendant dans un IME. Le retour ne se fait pas au domicile. Cela entraîne 5 km de plus que l'établissement nous (les parents) facture.

Tout change lorsque nos enfants deviennent adultes. L'âge est là et rappelle aux parents qu'ils vieillissent et que leur enfant n'est « plus un enfant ».

À l'inverse des établissements pour enfants et adolescents, une très grande majorité des adultes réside en internat. Ce qui n'est pas une obligation au regard de la loi. Chaque établissement doit avoir quelques places en externat pour permettre aux familles qui font ce choix de pouvoir aller jusqu'au bout de ce choix. La famille se sent encore capable de s'occuper, au jour le jour, de son adulte handicapé. Cela peut être aussi une méfiance vis-à-vis des modalités d'internat qui les poussent à prendre l'option « externat ».

Pendant très longtemps, le transport n'était pas compris dans le prix de journée.

C'était à la famille de se débrouiller pour organiser le transport, de le financer et de l'organiser.

Depuis 2010, les frais quotidiens de transport entre le domicile et les MAS ou les FAM pour l'accueil de jour sont inclus dans les dépenses d'exploitation de l'établissement.

Mais parfois, il y a des surprises !

Mon fils était inscrit à la MAS de G en externat. Quelle ne fut pas notre surprise le "jour de la rentrée" d'apprendre qu'il n'y avait pas de taxi pour le ramener. Il est donc reparti avec nous. Nous avons fait établir des devis de transport. Le moins cher était de 90 euros par jour. Qui peut payer cette somme ? Notre fils est donc à la maison. Il ne peut jamais rester tout seul, c'est pourquoi nous avons pensé à une allocation supplémentaire. Il touche bien entendu l'Allocation d'Adulte Handicapé. Si j'ai bien compris, on peut demander une aide financière à la Maison du Handicap de notre département. Ai-je bien compris ?

●

La situation au centre où est notre fille ne s'arrange pas puisque la directrice continue à se donner des droits qu'elle n'a pas. Elle a de nouveau modifié l'emploi du temps de L sans nous consulter. Celui-ci n'est plus en rapport avec la synthèse qui a eu lieu, il y a peu de temps. Elle prend seule les décisions sans consulter les parents. Nous avons même visité un autre établissement mais malheureusement il n'y a pas de place. Nous en sommes à un point où même notre fille serait contente de changer de centre. Concernant le transport, la MDPH n'a pas trouvé de loi obligeant un centre à venir chercher l'enfant à domicile. Ils nous ont toutefois accordé une aide financière pour le transport. Le centre que nous avons visité nous a demandé de leur amener L. Le jour où nous avions rendez-vous, ils ont refusé l'admission.

•

Suite à notre conversation téléphonique de ce jour concernant un refus de prise en charge des frais de transport en ambulances par notre CPAM de l'I pour un séjour temporaire en MAS, vous m'avez suggéré de prendre contact avec le Défenseur des Droits.
J'attends donc vos renseignements pour entamer mes démarches.

Le transport n'est évidemment pas assuré pour les retours du week-end.
La rareté des établissements impose souvent de longs trajets pour rentrer au domicile familial.

Nos enfants handicapés, une fois devenus adultes, ne bénéficient plus de prises en charge de transport pour rentrer au domicile familial lorsqu'ils sont en internat. Aux parents de se débrouiller et de financer.
Lorsque la personne handicapée, pour des questions de santé, ne peut pas se déplacer ou être transportée, là aussi, c'est aux parents de financer.

Si vous avez les « moyens, tant mieux, sinon... »,

Nous sollicitons votre aide pour faire connaître cette injustice comme l'illustre le témoignage, ci-dessous.

Madame D. s'est adressée à notre association avec émotion pour nous faire part des difficultés qu'elle rencontre dans la prise en charge de sa fille K, atteinte d'une maladie neuromusculaire et mentale à plus de 90 % et dont l'état s'aggrave de jour en jour.

K est accueillie à la Maison d'Accueil Spécialisée, MAS, dans le J depuis 20.., en l'absence de possibilités d'accueil dans son département.

K ne peut plus se déplacer pour rentrer le week-end au domicile familial en raison d'un état de santé préoccupant.

Mme D, sa maman, parcourt deux fois par semaine le trajet de 400 km (aller et retour pour chaque trajet, soit 800 km) pour rendre visite à sa fille.

Pour la santé de sa fille, l'établissement lui a demandé d'être très présente à son chevet.

Des certificats médicaux attestent la nécessité de sa présence.

Mme D a dû cesser son travail. La facture de l'établissement, les frais d'autoroutes et d'essence font qu'elle rencontre de sérieux problèmes financiers.

Le papa de K ne participe pas.

Mme D, doit-elle arrêter de se rendre auprès de sa fille, faute de moyens financiers ?

Voici un extrait du dernier message que Mme D a adressé à notre association.

« *Je vous remercie encore de votre courrier mais je savais d'avance la réponse, pas de loi votée, voilà le prétexte. Dans ce monde actuel il y a les pauvres et les riches comme au moyen âge, et si malheureusement par les événements cruels de la vie, il y a la pauvreté qui s'incruste, on ignore la personne. Il ne faut surtout pas parler d'argent cela dérange.*

Oui je suis d'accord pour toutes actions que vous pouvez faire. Il n'y a que les médias pour réveiller le monde.

Le Conseil Général du V, paraît-il, d'après l'assistante sociale, n'a pas d'argent.

Actuellement j'en suis malade je n'en dors plus.

Je suis allé voir ma fille hier mais pour payer les frais d'essence, d'autoroute, je réduis ma nourriture dans la semaine...,

.... j'en suis obligée de faire appel à des journaux pour avoir de l'aide.

Au sujet de Madame la Ministre, oui elle m'a fait, il y a longtemps, un courrier me disant qu'il y aura peut-être une loi mais rien de sûr ».

CHAPITRE 7

**Maltraitance et Prévention des
dysfonctionnements institutionnels.
Tracasseries et indifférences administratives.**

Violences psychologiques

Ces lignes ne sont pas là pour « faire peur » aux parents car nombreux sont les établissements où la dignité de la personne handicapée est la préoccupation majeure de ceux qui y travaillent.

Si la violence physique est visible et repérable, il faut aussi parler des autres formes de violence moins faciles à détecter. Ce sont les violences qui ont une emprise sur la vulnérabilité de la personne handicapée. Elle n'a pas les moyens de « contester » certaines actions qu'on lui fait faire.

Par son manque de mobilité ou, par exemple, son besoin d'assistance pour prendre ses repas, la personne handicapée devient vulnérable. Notre propos n'est pas de dire que toutes les personnes handicapées subissent des maltraitances, tant à leur domicile qu'en institution, mais d'évoquer les sujets de maltraitance autres que les actes qui entraîneraient une violence physique.

Ne pas changer une personne handicapée pendant plusieurs heures est incontestablement un acte de maltraitance.

•

Punir une personne en lui supprimant son dessert l'est aussi.

La présence des familles, même lorsque la personne handicapée est en internat, réduit considérablement ces maltraitances, autres que la violence physique.

De nombreux établissements entreprennent un travail interne de réflexions sur ce sujet qui aboutit souvent à la rédaction d'une charte de qualité de vie et de bon fonctionnement.

Certains facteurs sont difficilement repérables comme causes mais le manque de personnel, certains jours,

« développe du stress » parmi l'équipe présente. C'est à ce moment-là que le terrain devient « vulnérable ».

La nécessité de la mise en place de groupes de parole au sein de l'équipe d'encadrement est importante. En parallèle, la possibilité d'une formation continue régulière est un des éléments qui peut conduire à réduire fortement les maltraitances.

Doit être privilégiée, également, la réalisation d'une organisation concertée du travail en mettant au centre, de cette approche, le résident. L'autonomie et la responsabilité du soignant, dans l'accomplissement de son travail, renforceront la qualité de la prise en charge, en définissant le rôle de chacun avec précision

Il n'y a pas qu'au sein d'un établissement que cela est valable. On peut aussi dire que, au sein de la famille même, il faut être vigilant.

Le respect de la dignité de chacun passe parfois par de petites « choses » qui peuvent paraître insignifiantes, mais qui, ajoutées les unes aux autres, finissent par engendrer de la maltraitance.

Le comportement face à la personne handicapée est la pièce maîtresse de toute attitude qui permet d'échapper à cette violence psychologique. Cette dernière doit être dénoncée autant que la maltraitance physique.

La vigilance est importante. La confiance envers les établissements spécialisés est fondamentale. N'oublions pas que la très grande majorité des cas de maltraitance connus vient de la cellule familiale.

Maltraitance et Prévention des dysfonctionnements institutionnels.

La prise en compte de l'avis des parents et des tuteurs dans la prise en charge des enfants, adolescents et adultes dans les établissements spécialisés est un élément incontournable pour garantir le bon fonctionnement d'un établissement. Elle permet d'agir et d'amplifier les efforts dans le domaine de la prévention des violences institutionnelles.

Un établissement spécialisé qui négligerait l'avis des parents et des tuteurs s'enfermerait progressivement sur lui-même en refusant de prendre en compte ce que les parents savent.

Nul ne peut nier le savoir acquis des parents sur le terrain. Il peut paraître différent de celui des professionnels mais il est, en fait, complémentaire.

Certes, les parents ont tendance à raisonner à l'échelle de l'individuel, et c'est bien légitime, mais raisonner uniquement dans la globalité, pour le plus grand nombre, peut fausser le jugement d'une prise en charge qui doit être propre à chaque personne handicapée.

Les parents participent-ils vraiment à la vie des établissements ?

Avec tous les retours des internautes qui nous écrivent sur ce sujet, nous pouvons affirmer que non.

Participer à la vie des établissements spécialisés, ce n'est pas faire uniquement un gâteau pour la fête de l'établissement ou de trouver des lots pour la tombola.

De fait, les parents auront tendance à se mettre à l'écart, à s'éloigner et à s'inquiéter.

Je voudrais savoir si je suis en droit de demander par écrit et d'obtenir copie de l'ensemble des fiches d'incidents créées par le Foyer qui accueille mon enfant devenu adulte.

On me répond oralement qu'on veut bien me les montrer sur place, mais on refuse de m'en donner copie. Cette réponse, est-elle juridiquement fondée ?

Certes les établissements qui ne dialoguent pas avec les familles « gagnent » en tranquillité, bien contents de ne pas avoir « sur le dos » les parents parfois, reconnaissons-le, excessifs.

En se repliant sur eux-mêmes, ces établissements favorisent progressivement les dysfonctionnements. La méfiance s'installera.

Un certain nombre « d'affaires » est apparu, ces derniers mois, dans la presse, ayant eu comme conséquence, d'une part, de faire une réputation fausse à l'ensemble des établissements spécialisés, et d'autre part, d'augmenter la culpabilité des parents qui laissent leurs enfants dans ces structures.

Le regard de l'entourage a été interrogateur.

Tous les établissements sont-ils comme ceux montrés à la télévision ? Comment pouvez-vous laisser votre enfant ou adulte ainsi ?

Réputation fausse car la grande majorité des établissements fonctionnent correctement, voire de manière satisfaisante et que le personnel travaille avec sérieux et réflexions.

Cependant, nier aussi qu'un certain nombre d'établissements spécialisés pose ou a posé problème suite à des dysfonctionnements parfois importants et graves, ne serait pas objectif.

La réunion dont je vous ai entretenue a eu lieu. Les faits constatés à l'encontre de mon frère, les punitions infligées à certains des résidents peuvent effectivement être assimilés à une forme de maltraitance. Visiblement suite à mon entretien, et à ma demande de rendez-vous, certaines dispositions ont été prises.

Les effets personnels de chaque malade ont été rendus avec interdiction de leur interdire de les porter. Les punitions établies par une certaine catégorie du personnel seront désormais interdites, telles que les privations de sorties en famille.

J'ai été reçu par un médecin conciliateur et un cadre de santé. Je les ai vraiment ressentis à l'écoute des familles, et travaillant pour l'intérêt et le bien être des malades. La vie de ces patients, déjà punis par leur état, devrait, je l'espère, s'en trouver adoucie.

Je tiens à vous remercier pour l'écoute et les conseils que vous m'avez apportés. Ils m'ont été précieux.

•

Mon fils, résident au Foyer d'un ESAT, a accusé à tort une résidente de lui avoir cassé du matériel lui appartenant.

Après un interrogatoire en règle, mon fils a avoué avoir, lui-même, détérioré ce matériel. En fait, savoir qui est responsable n'a que peu d'importance.

À la fin de cet interrogatoire, la chef de service a dit à mon fils qu'elle suggérerait aux parents de la résidente de porter plainte pour fausse accusation.

J'ai vérifié dans le règlement intérieur du Foyer, il n'existe aucun paragraphe stipulant une telle chose. J'ai lu et relu les droits des personnes handicapées sur le blog de l'ARS et sur votre site.

À mon avis, ce que fait cette personne ressemble beaucoup à de la maltraitance psychique.

Je me suis tant bien que mal renseigné, il s'avère que sans me donner tort ou raison, personne n'a eu vent d'une telle disposition envers une personne vulnérable, ni pour d'autres personnes d'ailleurs, le sujet est tellement futile.

De plus, les gens complètement étrangers à nos "soucis" sont ébahis d'apprendre que des éducateurs puissent débiter de telles choses.

En tout cas mon fils était très démoralisé, il avait peur d'aller en prison... pour avoir accusé à tort une copine...

Récemment, j'ai vu le directeur de l'établissement, je l'ai demandé de lui parler en particulier et je lui ai fait part de mon point de vue.

Évidemment, il n'a pas donné tort à son employée et il m'a fait comprendre que ce n'était pas simple d'appréhender la vérité et que si on parlait aux résidents de porter plainte, c'était pour les faire avouer...

J'ai répondu au directeur sur plusieurs points :

La menace de porter plainte est formulée en fin d'interrogatoire, donc après les « aveux ».

Si on menaçait les loubards d'une telle idiotie, quelles seraient les réactions de ces derniers.

(Le directeur d'un ESAT public pourrait être chef d'établissement d'un collège ou lycée.)

Comment rassurer mon fils en lui disant qu'on ne porte pas plainte pour ce genre de chose sans saper l'autorité de la chef de service ?

Si ce problème existait entre deux résidents qui n'ont plus leurs parents, que se passerait-il ? Les tuteurs ou éducateurs censés les défendre porteront plainte contre l'un d'entre eux ? Où va-t-on ?

●

Je vous informe, par ce message, d'un problème dont mon frère B a été victime à la maison de retraite de D dans le département W.

Trisomique et âgé de plus de 60 ans, mon frère a été victime d'une situation assez déplorable à savoir un manque d'hygiène. Les mains attachées toute la journée dans un fauteuil, tout cela a entraîné des problèmes aux fesses dû à ses urines, d'où plusieurs opérations à l'hôpital de H.

•

Peut-on pincer le nez des résidents pour les obliger
à prendre leurs médicaments ?
Peut-on forcer un résident à prendre ses médicaments ?

•

Mon enfant est actuellement interne dans un Foyer
de vie. Depuis quelques mois, avec d'autres parents, nous
essayons de faire reconnaître, auprès des divers
organismes, ainsi qu'auprès de l'association gérant cet
établissement, des cas de maltraitance, de négligence
institutionnelle et de prosélytisme religieux, sans succès.
Je pense que la création d'un Collectif sur la région de H
pourrait éventuellement nous aider et permettre, à
d'autres familles qui connaîtraient les mêmes problèmes
au sein des établissements de la région, de se faire
connaître.

L'État est quasi absent des établissements spécialisés, ne
menant pas de contrôles rigoureux et réguliers. Il faut
vraiment que ce « qui ne va pas » soit important pour qu'il
y ait une inspection.
Et il en sera, longtemps, toujours ainsi.

La peur, le découragement, le manque important de places et la crainte de perdre son emploi pour les professionnels, font que, dans ce domaine-là, l'amélioration sera lente.

Alors qui d'autres que l'État et les collectivités peuvent intervenir préventivement.

Ce qui fait « tourner » les associations, c'est l'argent public. Le droit de regard est légitime et bénéfique.

Légitime et bénéfique pour tous les professionnels qui, dans leur très grande majorité, s'occupent de nos enfants et adultes avec beaucoup d'attention et de sérieux.

Légitime et bénéfique pour les parents qui pourraient croire un peu plus que les établissements spécialisés sont comme une seconde maison pour leur enfant ou adulte.

Porter plainte, c'est entrer dans une action de longue durée. Et cela revient cher, très cher. Les familles qui portent plainte mettent beaucoup de temps pour « trouver » une autre association acceptant de prendre en charge leur enfant ou adulte. Un peu, comme si on se méfiait d'elle.

Ma fille a 11 ans. Elle est autiste. J'ai fait plusieurs signalements pour maltraitance. Elle a été exclue il y a deux ans. Depuis, je n'ai plus de nouvelles du Procureur de la République. L'avocat n'a servi à rien. Ma fille est sur liste d'attente dans une autre association, car, dans ma région, deux associations ont le monopole des établissements. Toujours rien. Je suis inquiet car le temps passe et mon épouse a dû arrêter de travailler pour s'occuper de notre enfant. Que faut-il faire pour que la situation bouge ?

Dans la plupart des cas, ce sont les professionnels qui avertissent et signalent des actes de maltraitance envers nos jeunes et nos adultes lorsqu'ils sont en internat. Pour les parents, quelque peu séparés de leurs enfants, il est difficile de conclure à une maltraitance, même si des signes dans le comportement de l'enfant peuvent montrer un changement. Les professionnels constituent le premier rempart, dans les internats, contre la maltraitance. Cependant, leur réaction à dénoncer cette maltraitance demande beaucoup de temps, trop de temps, car il est délicat de témoigner contre ses collègues de travail sans évoquer les risques professionnels encourus et le conflit qui s'ouvre nécessairement vis-à-vis de la direction. Il y va d'une nécessité et d'une obligation de venir au secours d'une population déshéritée qui n'a pas les moyens de se défendre. C'est un devoir de le faire rapidement, et il ne s'agit là aucunement d'une délation.

Il faut penser aux enfants mais aussi aux personnes adultes pour qui, il n'y a pas assez de maisons appropriées. A mon niveau, il m'est difficile de faire quelque chose, sinon faire part des problèmes que je rencontre à des associations, par mon travail. Je suis assistant de vie. Je constate qu'il y a une forme de maltraitance dans toutes les structures, involontairement, mais par manque de personnel.

●

Je suis aide-soignante dans un foyer d'accueil médicalisé et j'ai 15 ans d'expérience en M.A.S. Je voudrais simplement vous dire que j'aime énormément mon travail et que malgré le manque de moyens, la vie en internat peut être pleine de joie de vivre ! Les institutions maltraitances existent peut-être, mais ne généralisons pas ! Mon travail est des plus enrichissants et se doit d'être en étroite collaboration avec les familles pour le meilleur accompagnement possible. Je suis à votre disposition pour échanger sur le sujet.

●

Un AMP, travaillant dans un foyer d'hébergement, constate qu'à l'ESAT les personnes handicapées sont soumises à des traitements qui le dérangent fortement. Il essaie de sensibiliser sa direction mais on lui fait comprendre qu'il amplifie tout. On lui conseille de ne plus travailler dans le domaine du handicap. Il se sent très isolé et cherche du soutien, de l'aide. Il demande s'il y a une association de défense des personnes travaillant en ESAT ? Existe-t-il un organisme de contrôle des droits des personnes en ESAT ?

La ligue des droits de l'homme peut-elle s'intéresser à ce problème ?

Il y a des situations douloureuses. Nous ne mettons pas volontairement l'intégralité de certains témoignages trop personnels ou lorsque des personnes sont mises en cause.

Notre propos, en relatant ces témoignages douloureux, n'est pas de dire que cela se passe comme cela dans tous les établissements.

Certes, c'est très rare mais cela existe.

Le point de départ de ces maltraitances est très souvent dû à un manque de personnel présent lors de ces événements. Les équipes sont fatiguées.

Ma sœur était handicapée mentale et placée dans un Foyer de vie depuis sa majorité.

Nous avons appris, au mois de septembre, par un appel anonyme, que ma sœur était hospitalisée et qu'elle avait été victime d'un viol au mois de juillet.

Après cet appel anonyme, nous avons reçu un courrier anonyme qui nous relatait les conditions de vie déplorable et les mauvais traitements dont a été victime ma sœur, sans qu'aucune sanction ne soit faite aux agresseurs.

J'ai bien évidemment porté plainte. Pénalement, la personne handicapée responsable du viol a été jugée irresponsable même si ma sœur avait clairement dit non. Aujourd'hui, ce qui me dérange c'est que la direction du Foyer pratique la politique de l'autruche...

Le directeur de l'établissement qui n'est plus là, prétendait qu'il s'agissait d'un rapport sexuel consenti mais une fois que la procédure judiciaire fut lancée, il a lui-même porté plainte contre le résident coupable.

La situation de ma sœur s'est très vite dégradée. Elle a arrêté de s'alimenter et elle a arrêté de marcher pour finir alitée et pour mourir d'un arrêt cardiaque.

Aujourd'hui je me sens responsable alors que je ne suis pas coupable.

Par contre, les responsables ne sont pas jugés et continuent de vivre normalement.

Je voudrais savoir si vous connaissez la procédure à suivre si je décide de poursuivre le Foyer en justice ? Quel

tribunal saisir ? Comment savoir si ma demande va rester
sans suite car il s'agit de personne handicapée ?
Tout le monde me dit d'abandonner parce que la
procédure est longue et que les avocats sont onéreux.
Je trouve ça si injuste. Et si personne ne fait rien, c'est la
porte ouverte à tous les dérapages.
Je pense que la justice doit être la même pour tous, que l'on
soit handicapé ou non.

Difficile d'aller jusqu'au bout de sa réflexion sans quelques
contradictions.
Avoir un enfant handicapé, c'est tellement compliqué.

Je pense que les parents, même inconsciemment,
épousent l'idée que l'idéal pour leur enfant handicapé est
la structure spécialisée. Dans le cadre du polyhandicap,
son utilité peut être reconnue. Dire que quelque chose ne
va pas au sein de celle-ci est pratiquement impossible et
moralement impensable. Dénoncer un placement
défaillant met effectivement les parents devant le risque
de voir leur enfant rejeté par l'institution, mais aussi ils ne
peuvent dénoncer sans se désavouer. Comment accepter
que ce que l'on pensait bon pour son enfant puisse le
mettre en danger ? La société, elle-même, tient ce
discours. Les gens, qui ne sont pas sensibilisés au
handicap, pour les rencontrer chaque jour, conçoivent les

institutions comme une bonne solution et qu'importe ce qui se passe à l'intérieur.

L'univers "carcéral" du handicap a une aura et apparaît parfois comme sacralisée.

Les parents qui s'opposent à des pratiques "maltraitantes" sont dans une double contrainte : renoncer, dans la dénonciation, à ce que j'estime être le mieux pour l'enfant et se mettre à dos les autres membres de la société.

Je pense qu'ils ont besoin d'un intermédiaire, comme pourrait l'être une association de parents non gestionnaire. Ils ne croient pas au fond de l'efficacité éventuelle de celle-ci même s'ils reconnaissent son bien-fondé. Il faut que les parents prennent conscience qu'ils doivent se prendre en charge. C'est vrai, mais on ne peut pas leur faire le grief de ne pas vouloir se responsabiliser.

Des dysfonctionnements, des difficultés dans l'organisation de la prise en charge sont-ils de l'ordre de la maltraitance. On peut légitimement se poser la question.

Nous sommes parents d'un jeune adulte handicapé mental atteint de pathologies associées. Ce dernier est accueilli en Foyer occupationnel dans le S. Régulièrement, on nous annonce que les jours de maladie seront décomptés sur les vacances. Nous sommes scandalisés car notre enfant est très fatigable. Le fait de lui enlever des repos le condamnera à plus de fatigue engendrant un cercle vicieux. Ce genre de pratique, s'il est mis en place, ne s'apparente-t-il pas à de la maltraitance ? Quelle instance peut-on saisir en haut lieu pour que cela soit condamné ? Nos enfants ne sont plus que des prix de journée dans des établissements créés de surcroît, et bien souvent, par des associations de parents. Mon fils a 34 ans et je constate que la qualité de son accompagnement baisse par manque de moyens. Crise oblige !

Les lois de 2002 et 2005 qui pourraient être ce qui a de mieux concernant le respect des personnes handicapées, ne se traduisent bien souvent, dans les faits, que par de la politique de communication. Quelqu'un peut-il répondre à ma question ?

La prévention des Violences Institutionnelles dans les établissements spécialisés.

Les établissements spécialisés progressent, d'années en années, dans leur pratique vis-à-vis des personnes handicapées qu'ils accueillent. Les jeunes professionnels reçoivent une formation plus renforcée. L'ouverture de ces établissements vers l'extérieur a permis d'élaborer des réflexions qui étaient très peu abordées, il y a quelque temps, comme celles concernant la maltraitance et la violence institutionnelle.

Un établissement qui « avance » et qui progresse est un établissement qui ouvre ses portes aux autres professionnels pour mettre en étude leur pratique.

Les parents doivent y être associés. Les établissements qui tiennent à l'écart les familles sont voués à s'enfermer dans une pratique peu adaptée de nos jours. Ils s'enfermeront sur eux-mêmes au détriment des usagers.

Stanislas TOMKIEWICZ disait :

*« *Plus une structure est close, se renferme sur elle-même, qu'elle a une structure juridique la rendant plus étanche à l'extérieur, plus le risque est grand que se développe une violence institutionnelle* ».

« *J'appelle violence institutionnelle toute action commise dans ou par une institution, ou toute absence d'action, qui cause à l'enfant une souffrance physique ou psychologique inutile et/ou entrave son évolution ultérieure* ».

* Prévenir, repérer et traiter les violences à l'encontre des enfants et des jeunes dans les institutions sociales et médico-sociales, Éd. ENSP

Dans le projet d'établissement, doit figurer en clair la prévention de la maltraitance.

Cet objectif est nécessaire. Beaucoup d'établissements s'y appliquent en mettant en place un dispositif pour lutter contre la maltraitance.

Une MAS, un Foyer ne sont pas seulement des centres de soins, ce sont d'abord des lieux de vie. Ce doit être la maison des résidents.

Chaque résident a un projet qui comprend un volet médical élaboré selon les soins qu'il requiert et un volet éducatif et social. Cette deuxième partie est relative à la vie de tous les jours, le quotidien. Elle est l'élément essentiel du projet de vie.

Les personnels qui travaillent au quotidien, plus particulièrement les AMP et les Aides-soignants, ont une importance considérable dans la vie des usagers. Leur travail revêt une importance capitale. Il intervient au plus près de l'usager, comme celui, sensible, du domaine du corps. Nous prenons cet exemple car les soins du corps sont dans l'intimité profonde du résident où se mêlent des données sensibles de relations avec eux.

Bien sûr, leur travail ne se limite pas uniquement à la toilette mais cette partie est fondamentale dans le bien-être du résident, non pas uniquement pour que ce dernier soit propre mais aussi parce qu'elle est le moment d'intimité intense devant la vulnérabilité et la fragilité des résidents.

Ce n'est qu'un exemple de la relation « professionnels-usagers » qui peut créer, sur la durée, une usure, un non-renouveau dans la pratique de ces actes quotidiens, engendrant ainsi une habitude un peu stéréotypée qui devient mécanique. Cela entraîne ainsi une négligence du souhait et des attentes de la personne handicapée.

L'idéal serait évidemment une réunion mensuelle voire hebdomadaire sur ce thème réunissant tous les salariés et permettant, au-delà des clivages hiérarchiques, une analyse et une remise en cause, dans le bon sens de l'expression, de la pratique de chacun.

Le mouvement et le changement empêcheront les habitudes et la routine de s'installer, et permettront ainsi d'éviter d'effectuer des gestes élaborés par pur automatisme, sans qu'interviennent le côté humain et psychologique, nécessaire à toute relation aussi étroite.

Certains établissements ayant plusieurs unités favorisent la permutation des équipes et leur mélange même si cela est dérangeant.

Notre propos n'est pas de dire que tous les établissements rencontrent des problèmes de violences institutionnelles. Bien au contraire, beaucoup d'établissements spécialisés fonctionnent bien. Enfin, n'oublions pas que la grande majorité des problèmes de maltraitance ont lieu dans le cercle de la Famille.

Au risque de répéter (mais nécessaire) le même « refrain », l'ouverture sur le monde extérieur, la prise en compte effective du savoir des parents, différent de celui des professionnels et les enquêtes de satisfaction (ou non) permettront une diminution de la violence institutionnelle. « Le « tout institué » conduit très souvent sur le chemin de la violence institutionnelle

On pourrait penser que tous les établissements raisonnent ainsi, et si on leur pose la question, ils diront que c'est évident comme démarche, et que cette démarche est pratiquée chez eux.

On aimerait toujours le croire !

Chaque établissement spécialisé n'a pas forcément les mêmes repères et éléments de référence sur ce qui fait violence institutionnelle. Les pratiques peuvent être analysées en s'inspirant de la classification des différentes formes de maltraitance, opérée en 1992 par le Conseil de l'Europe :

- Violences physiques : *coups, brûlures, ligotages, soins brusques sans information ou préparation, non-satisfaction des demandes pour des besoins physiologiques, violences sexuelles… ;*

- Violences psychiques ou morales :

Langage irrespectueux ou dévalorisant, absence de considération, chantages, abus d'autorité, comportements d'infantilisation, non-respect de l'intimité, injonctions paradoxales... ;

- Violences matérielles et financières

Vols, exigence de pourboires, escroqueries diverses, locaux inadaptés... ;

- Violences médicales ou médicamenteuses

Manque de soins de base, non-information sur les traitements ou les soins, abus de traitements sédatifs ou neuroleptiques, défaut de soins de rééducation, non-prise en compte de la douleur... ;- négligences actives : toutes formes de sévices, abus, abandons, manquements pratiqués avec la conscience de nuire ;- négligences passives : négligences relevant de l'ignorance, de l'inattention de l'entourage ;- privation ou violation de droits : limitation de la liberté de la personne, privation de l'exercice des droits civiques, d'une pratique religieuse... la contradiction entre le projet d'établissement ou de service et le projet individuel de la personne accueillie.

Difficile de parler de ce qui ne va pas.

En tant que parent, sans doute, nous nous imposons une forme d'autocensure car nous avons eu la chance d'avoir une place pour notre enfant. On se sent bien « petit » devant le directeur car si on perd la place, retour à la « case départ ».

•

Lors de réunions de parents souvent organisées avec le médecin psychiatre ou la psychologue de l'établissement (on se demande pourquoi les parents ne peuvent pas se réunir seuls), les parents n'osent plus rien dire. Lorsque son enfant est accepté dans un établissement et que l'on connaît d'autres parents qui « galèrent » avec les listes d'attente, on préfère être discret voire silencieux.
Difficile de montrer son éventuel désaccord.
Certains parents ont dû faire face à la réponse : « si cela ne vous convient pas, reprenez votre enfant »

.

•

A-t-on le droit d'attacher une personne handicapée à une chaise, un lit, suite à son agitation. C'est ce que l'on appelle pudiquement utiliser des moyens de contention. Sur un plan purement juridique, il apparaît que l'emploi de dispositifs de contention ne met pas les soignants et l'hôpital à l'abri des poursuites judiciaires. Les affaires judiciaires concernant les cas de contentions abusives sont plus fréquentes qu'on ne le pense. Il semblerait que l'utilisation de ces méthodes de contention ait comme prétexte le plus fréquent, le manque de personnel. En fait, plusieurs études montrent que, bien au contraire, cette pratique oblige, paradoxalement, à plus de travail de la part du personnel. Autre excuse avancée, les moyens de contention assurent la sécurité des résidents. Là aussi, des études révèlent, en fait, qu'ils engendrent des dommages physiques et psychologiques. Il vaut mieux agir sur l'environnement que d'utiliser ce genre de moyen. Ainsi la dignité de la personne handicapée est préservée au mieux.

CHAPITRE 8

Tracasseries et indifférences administratives.

Dossier médical

Il y a encore peu de temps, il était impossible aux parents de lire le dossier médical de leur enfant et de prendre connaissance des certificats médicaux nécessaires pour l'obtention ou le renouvellement de certains droits et allocations.

Est-ce pour les ménager ou simplement pour les mettre à l'écart ?

Ne pas pouvoir lire ce qui concerne son enfant est difficile à accepter. Aujourd'hui, officiellement, les parents peuvent prendre connaissance de tous les documents médicaux. Cependant, comme un « vieux réflexe », certains ne se gênent pas pour cacher à la famille ce qu'ils écrivent.

J'ai lu attentivement votre Email, j'approuve entièrement à l'intégralité de vos propositions. De plus, je tenais à vous informer du fait suivant, doléances recueillies de parents lors de la préparation du prochain Conseil de la Vie Sociale de l'établissement où demeurent nos enfants. En préambule, une recommandation : « nous devons être très vigilants sur tout ce qui concerne le dossier de nos enfants ».

Le renouvellement de l'AAH (Allocation Adulte Handicapé) peut être pris en charge, soit par l'institution, cela nous soulage d'une démarche administrative, soit par le tuteur. Certains parents curieux, s'occupant du renouvellement de l'AAH, découvrent en ouvrant l'enveloppe contenant le certificat médical du médecin psychiatre, que la pathologie de leur enfant s'était aggravée. De débilité mentale secondaire à une encéphalopathie infantile non étiquetée s'ajoutait ou était remplacé, suivant le dossier, par comportement perturbé, instable, débile profond, médicament bien supporté, etc.

Je vous laisse deviner l'indignation des parents, leur colère et leur désarroi.

Demandes d'explications auprès du médecin psychiatre qui a répondu « c'est pour que vous soyez sûr d'obtenir le renouvellement de AAH ». Celui-ci a refusé de revenir sur ce qu'il avait écrit.

Est-ce un comportement raisonnable ? Doit-on se poser la question ? Cela peut entraîner un changement d'orientation vers une structure plus médicalisée où ces personnes handicapées n'ont pas leur place. Cela va créer plus de tracasseries, d'inconvénients et de nouveaux désarrois pour les parents.

●

Ma fille, âgée de 40 ans, a fait des séjours en HP avant de retourner dans son Foyer.
Il est difficile d'avoir le dossier médical alors que c'est autorisé par la loi.

Les Maisons Départementales du Handicap (MDPH)

Tout passe par elle ou presque tout.
Tous les dossiers de demandes d'allocations sont instruits par les services de la MDPH.
Vu de l'extérieur, on a l'impression qu'il suffit de demander à la MDPH une place d'accueil pour son enfant ou adulte

handicapé et qu'il n'y a rien de plus facile. En théorie, ce devrait être le cas.

La MDPH décide quel type d'établissements convient au handicap de votre enfant. Elle vous fait une notification d'orientation. Point final !

Aux parents de se débrouiller.

Il est rare que ce soit les services de la MDPH qui trouvent une place vacante dans un établissement spécialisé.

Au début de leurs recherches, les parents sont surpris, étonnés, mais ils apprennent vite. Ils apprennent aussi que c'est parfois (*souvent*) difficile de communiquer avec elle.

Mon enfant n'a pas obtenu de la part de la MDPH l'orientation que je souhaitais pour lui. J'ai donc envoyé une lettre recommandée avec accusé de réception pour un recours gracieux au directeur de la MDPH. Cette lettre reste à ce jour sans réponse.

Quelle suite donner ?

Il semblerait que cette méthode de non-réponse devient une habitude de la part de nombreuses MDPH.

Même changer de département est difficile. Pas une région n'est plus favorisée qu'une autre. Il manque des dizaines de places d'accueil dans tous les départements de métropole et d'outre-mer.

Il y a deux ans, mon mari a pris sa retraite. Nous avons changé de région comme nous avions toujours rêvé de le faire. Transférer le dossier de mon fils handicapé s'est avéré très difficile et compliqué. On s'était dit que sur place, ce serait plus facile. Il est toujours sur liste d'attente. On me dit que nous n'aurions dû jamais déménager. « Quand on a une place, on la garde ». Il faut savoir que changer de région est un risque. Vous repartez au point de départ… mais après toutes les familles qui attendent une place pour leur enfant. Savez-vous comment je pourrais faire accélérer le dossier ?

Mon fils est toujours à la maison.

Nous sommes fatigués.

La retraite commence difficilement.

Allocations.

L'arrivée d'un enfant handicapé bouleverse la vie de la famille qui doit s'adapter lorsqu'elle n'explose pas. C'est souvent la maman qui s'arrête de travailler tant les difficultés sont présentes et les solutions difficiles à mettre en place.

Un papa m'a dit, il y a peu de temps, que sa femme perçoit une somme d'argent mensuelle pour s'occuper de leur fille à la maison.

Mon fils n'a plus de structure depuis environ un an et c'est son papa en retraite qui s'en occupe jusqu'à mon retour du travail. Avons-nous droit à un "salaire". Mon fils, a-t-il droit à une allocation qui permet de verser un "salaire" à un de ses parents ? Je précise qu'il ne peut absolument jamais être laissé seul.

•

Je souhaiterais un renseignement concernant l'AEEH et ses compléments. De combien de compléments peut-on bénéficier lorsqu'un des 2 parents a interrompu totalement son activité professionnelle et lorsque l'enfant polyhandicapé est placé en semi-internat dans un Institut Médico-Éducatif (IME), 4 jours par semaine.

Pour compenser le handicap de leur enfant, ont été mises en place des allocations.

L'instruction des dossiers est souvent longue et parfois compliquée.

Depuis des mois, je suis en conflit avec la MDPH à propos d'allocations qui me sont refusées. Connaissez-vous un avocat qui puisse me soutenir ?

•

J'ai quatre enfants handicapés. J'ai des problèmes pour obtenir des compléments d'allocations. Pouvez-vous m'aider ?

•

J'éprouve des difficultés chroniques avec la MDPH de F de manière générale pour effectuer les démarches administratives de toute nature. La dernière en date concerne une demande de renouvellement d'AEEH pour mon enfant handicapé.

J'ai reçu la réponse stupéfiante de l'élue municipale en charge du handicap et Présidente du Conseil d'administration de la MDPH... qui considère que des délais de 7 mois en moyenne pour traiter des dossiers sont juste "regrettables".

Il me semble que nous ne pouvons pas accepter qu'un élu responsable puisse considérer ce genre de délais comme "regrettable", sans laisser entrevoir une amélioration du service rendu aux personnes handicapées.

Auriez-vous connaissance d'autres personnes dans ma situation qui se seraient regroupées pour défendre les droits des personnes handicapées ?

Les parents estiment que les aides financières (AEEH et ses compléments ou PCH) devraient permettre de financer les frais occasionnés par le handicap de leur enfant ou adulte. Quand on a un enfant handicapé, tout devient compliqué et cela demande beaucoup d'énergie.

Les aides financières sont jugées insuffisantes pour organiser, sans impact financier sur le budget familial, les périodes de garde et de répit bien nécessaires pour souffler et préserver au mieux l'équilibre de la famille. Ces temps sont aussi importants pour s'occuper des autres enfants.

Pour avoir assisté des familles en commission pour l'attribution des compléments, ils ne sont pas donnés en fonction d'un taux mais par rapport aux frais supplémentaires dus au handicap et, bien sûr, sur justificatifs. Il est également tenu compte de la nécessité de la présence d'une tierce personne. La tendance générale est à la réduction de ces compléments quand les parents arrêtent leurs activités notamment. On nous répond que c'est par choix personnel. Il est vrai que nous avons tous fait le choix d'avoir des enfants extraordinaires. En ce qui me concerne, oui j'ai fait le choix d'aider mon enfant comme tout parent.

Deux mamans sur trois ont aménagé leur vie professionnelle.

Les familles monoparentales sont plus nombreuses. Pour un ex-couple sur trois, le handicap a joué un rôle dans la séparation.

Difficile parfois d'être en accord avec la MDPH lorsque tout devient technique. On en oublierait presque qu'il s'agit de handicap.

Je suis parent d'un enfant polyhandicapé (taux handicap à 80 %) qui est épileptique. Il est placé 4 jours par semaine, en semi-internat en IME. Sa maman a arrêté de travailler pour s'occuper de son enfant. Nous venons de passer en audience au tribunal du contentieux, suite à notre contestation de réduction de 4 à 2 compléments. Nous avons appris, par l'un des membres de la MDPH présent au tribunal, que la MDPH avait le droit de pratiquer un abattement sur le nombre de compléments alors même que notre cas correspond au complément 4. En clair, même si notre situation justifie le complément 4 en rapport au Code de la Sécurité sociale, articles L541-1 à L541-4, cela ne stipule pas que vous avez droit au complément 4. C'est seulement un ouvrant droit à un complément 4 sous certaines conditions d'après l'un des membres du tribunal qui ne nous a pas semblé bien au courant du texte de loi. Nous sommes très étonnés car à quoi servent les textes de loi de l'article L541. La MDPH peut-elle pratiquer un abattement ?

•

Je suis assistante sociale. J'ai dû suspendre ma carrière il y a 5 ans pour des problèmes de santé. Je suis la maman d'un jeune homme résidant depuis peu en FAM. J'ai travaillé dans le département où j'habite auprès des personnes gravement malades et en situation de handicap. J'avais donc des relations professionnelles avec la CPAM, la CAF, la MDPH et différents services du Conseil Général de mon département.
Depuis le handicap de mon fils, je suis passée de l'autre côté de la "barrière". J'ai été et je suis constamment confrontée à des situations dont je ne pouvais pas mesurer l'ampleur des conséquences sur tous les plans de la vie (quotidiens, relationnels au sein de la famille, travail...)
Dernièrement, j'ai reçu un rejet de demande de prise en charge des frais d'hébergement de mon fils en Foyer

d'Accueil Médicalisé au motif que mon fils ne percevait pas l'allocation adulte handicapé à la date du 11 décembre 20...

Ce rejet est tout à fait injustifié puisque mon fils était avant en IME jusqu'au 19 novembre 20... et il percevait l'AEEH. Il était donc matériellement impossible qu'il puisse percevoir l'allocation adulte handicapé dans un délai de 19 jours !

Il s'agit d'un rejet lié aux dysfonctionnements des services du Conseil Général, plus précisément de la MDPH et du service de l'aide sociale à l'hébergement des personnes handicapées.

Moralité : je dois effectuer une demande de recours amiable auprès de la CAF. Je dois saisir le tribunal administratif en payant 35 euros sous peine de voir rejeter mon recours.

Je me dis constamment que le monde du handicap est un monde à part, très complexe et je me demande toujours comment les personnes handicapées peuvent surmonter leur maladie et tous les problèmes administratifs qui en découlent.

Je peux rentrer dans les détails des dysfonctionnements que j'ai constatés mais cela risque d'être fastidieux. J'ai même pu constater que certains sont voulus. Je voulais témoigner pour dire à tous que nous avons la chance d'avoir la liberté d'expression et la chance d'avoir certaines associations à notre écoute. Je suis soutenue dans les épreuves que je subis. Si nous continuons à nous taire, bientôt nos enfants, et nous-mêmes, nous n'existerons plus. Il est important de faire entendre nos voix.

●

Je suis la maman d'une jeune adulte handicapée et je viens d'obtenir la tutelle.

Je suis aussi son aidant familial. Elle perçoit une AAH et une PCH. Impossible de rencontrer actuellement la personne qui a en charge les comptes de gestion. Une assistante sociale m'a aidé à faire un calcul et je me dis que, comme ma fille vit chez moi, elle peut me verser une participation financière pour le règlement assurance mutuelle, alimentation et loyer.

Pouvez-vous me confirmez que j'ai le droit en qualité de tutrice de percevoir cette participation aux charges du foyer ? Et surtout, cela paraît-il cohérent ?

L'allocation aux adultes handicapés (AAH)

L'AAH est toujours en dessous du seuil de pauvreté
Pourquoi l'Allocation Adulte Handicapé (AAH), n'a-t-elle pas été alignée sur le minimum vieillesse et sur le SMIC ?

Comment fait-on pour vivre uniquement de l'AAH pour payer toutes les factures ? Les agios bancaires absorbent le peu que j'ai.

•

Pensez-vous que le montant de l'AAH permet de vivre de manière autonome ?

•

J'ai toujours eu l'AAH à 100 %. Ce mois-ci je n'ai eu que 174 euros. J'aurais voulu savoir si c'était normal. Je vous remercie de bien vouloir me répondre. Je n'ai plus rien pour vivre.

Le « reste à vivre » !
La participation aux frais d'hébergement.
Le minimum de ressources qui doit être laissé à la disposition des personnes handicapées accueillies dans les

établissements spécialisés est égal à 30 % du montant mensuel de l'allocation aux adultes handicapés.

J'ai un enfant polyhandicapé âgé de 21 ans. Il séjourne dans une MAS et rentre à la maison un week-end par mois et pendant certaines vacances scolaires. Il perçoit actuellement l'AAH intégralement. Je dis intégralement car la partie que nous devions versée à la MAS est prise en charge par la mutuelle de mon mari jusqu'à ses 25 ans. Nous n'avons pas encore entrepris les démarches pour son tutorat. Ma question est celle-ci : pouvons-nous légalement utiliser l'AAH qu'il perçoit ?

•

Ma fille qui a 38 ans et handicapée mentale doit partir dans un Foyer d'Accueil Médicalisé. J'aimerais savoir comment cela fonctionne et qui règle les frais de soins et d'hébergement ?
Sachant qu'elle a une mutuelle et quelle touche l'AAH, à combien me reviendrait son placement mensuel et sur quelles bases sont calculées ce qui restera à ma charge ?

•

Mon frère est hébergé dans une MAS. Il bénéficie de l'AAH. Il participe aux frais d'hébergement. Il lui reste 30 %.

Mes questions sont les suivantes : Est-ce normal ?
Conformément à la du 11 février 2005 pour l'égalité des
Droits et des Chances, la participation et la citoyenneté
des personnes handicapées, a-t-il droit à la PCH ?

•

Je souhaite porter à votre connaissance les
nouvelles mesures prises par le Conseil Général de mon
département dans le cadre de l'aide sociale attribuée aux
personnes handicapées et appliquée dès le 1er janvier sans
aucune information préalable faite aux familles
concernées.
Mon frère dont je suis la tutrice est hébergé en Foyer de
Vie.
Ainsi appliquées, ces nouvelles dispositions lui laissent à
vivre 160 euros par mois.
Il rentre à la maison tous les week-ends.
Est-ce bien auprès des personnes handicapées qu'il
convient de trouver des finances pour payer la dette ?
Cette récupération lésera beaucoup ces bénéficiaires de
l'AAH mais ne fera qu'une mince somme pour le Conseil
Général.
Quelle injustice à l'encontre des personnes porteuses d'un
déficit mental !

Avez-vous des retours concernant le Règlement départemental de l'aide sociale ?

Le bénéficiaire de l'AAH doit signaler à la CAF tout changement concernant sa résidence, sa situation de famille et ses activités professionnelles.

Reconnu travailleur handicapé à 80 % par la MDPH des H., je vous écris parce que je trouve scandaleux qu'étant gravement handicapé, je ne reçois qu'une AAH de 204 euros seulement. Ma femme travaille. Elle perçoit un peu plus de 1000 euros, alors que quand elle était au chômage, il y a un an, et qu'elle percevait la même somme, je touchais alors 540 euros. Pourquoi la CAF des H m'a abaissé mon AAH à 200 euros, ce qui ne présente même pas le RMI, alors qu'on a 460 euros de loyer ? Trouvez-vous ça normal ? Je serais ravi si vous pouviez me conseiller.

•

Suite à une maladie, mon mari possède une carte d'invalidité au taux supérieur de plus de 80 %. Sa retraite ne nous permet pas de vivre. Je dois travailler On me dit qu'une épouse ne peut pas être considérée comme tierce personne alors que mon mari n'est plus autonome. Est-ce vrai ? Pouvez-vous me dire si mon mari pourrait avoir le droit à une prestation quelconque ?

Toujours être vigilant.

Suite à la baisse de l'AAH de près de 32 % versée à mon fils, les courriers envoyés n'ont donné aucun résultat. Je suis passé à la CAF. (Sans aucun rendez-vous particulier)

J'ai demandé que la CAF me fournisse la règle de calcul qui régit cette diminution.

L'hôtesse, à la réception, a rédigé un mot pour la personne compétente qui m'a rappelé dans l'après-midi reconnaissant l'erreur.

La CAF a donc bien reversé les arriérés. La nouvelle AAH est supérieure à l'AAH de 20... Quant aux raisons de l'erreur, je pense n'y avoir rien compris.

La seule leçon que je peux en tirer, c'est qu'il ne faut jamais rien lâcher et qu'il faut sans cesse exercer des pressions. Il ne faut surtout pas se laisser impressionner par eux.

Quand plusieurs Conseils Généraux incluent dans le revenu des personnes handicapées résidant en Foyer de Vie les intérêts de leur livret A !

Certes, la période économique est très difficile. Tous les prélèvements augmentent. Certains citoyens payent l'impôt sur le revenu pour la première fois alors qu'auparavant, ils n'étaient pas imposables.

Certes, il faut faire des efforts.

Mais de là à inclure, dans le revenu, les intérêts du livret A des personnes handicapées n'ayant pas d'autres revenus que l'AAH, « *il faut le faire* ».

Et les familles ne diront rien !

Leur enfant handicapé coûte déjà si cher à la collectivité !

D'ailleurs, s'ils en doutent, des relevés mensuels de la Sécurité sociale ou du département leur rappellent ce que coûte leur enfant arrivent !

Les intérêts du livret A n'entrent pas dans le calcul pour l'imposition, depuis des années, de tous les citoyens.

Plusieurs Conseils Généraux (et ils sont de plus en plus nombreux) incluent dans les revenus de la personne handicapée, l'A.A.H plus les intérêts du livret A.

Cela a, pour conséquence, d'augmenter la participation journalière de la personne handicapée et donc le reste à vivre en sera d'autant plus diminué.

De ce fait, les éventuels intérêts que l'on pourrait gagner sur le livret A s'en trouvent annulés.

Dans ces conditions, on peut se poser la question de l'utilité de faire réserve pour l'avenir de nos enfants. De plus, lorsque ces sommes sont placées sur des comptes autres que le compte courant, il faut l'autorisation du juge pour en disposer. Autant dire, que tout est bloqué pour rien.

Le Conseil Général de H prélève 90 % des intérêts de toutes sommes placées pour le compte du résident et cela tous les ans. Je vous joins en exemple la lettre d'assujettissement à cette réquisition. La somme placée, suivant l'inflation, aura perdu de son pouvoir d'achat. Avec ma femme, nous avons décidé de ne plus lui faire de réserve pour son avenir, lorsque ces sommes sont placées sur des livrets A.

●

Indépendamment, qu'en effet, cela générer une disparité entre les personnes concernées, la question est de savoir si cette récupération du vivant de la personne correspond à un texte de Loi ?

●

Pour notre fils, également en Foyer, nous serions tout disposés à reverser cette somme, comme cela se fait déjà pour l'AAH directement à l'établissement qui est, selon nous, le mieux placé pour gérer ces revenus.

Enfin, existe-t-il d'autres départements où cette pratique existe déjà ?

•

En début d'année, le Foyer de vie où se trouve mon fils m'a remis un document, édité par le Conseil Général du S, demandant la déclaration de ressources de mon fils. J'ai donc en tant que tuteur déclaré les intérêts de son livret A.

Mal m'en pris, car en avril (2 mois plus tard), lors du prélèvement de la réversion de l'AAH, la totalité des intérêts de son livret A était prélevée.

À noter qu'il y avait une petite annotation pour ceux qui ne pouvaient pas payer la totalité, on leur demandait de se rapprocher du service comptable pour un possible étalement.

J'ai pris la décision de ne plus remplir ce genre de document autre que celui de la CAF. Il faut noter que mon fils n'a que l'AAH comme ressource, à part son livret A.

Est-ce légal ? Que peut-on faire ?

Pour moi c'est du racket car les revenus du livret A ne sont pas imposables (pour l'instant).

CHAPITRE 9

L'avenir de nos enfants.

Parents, pensez à demander la Tutelle ou la Curatelle de vos enfants devenus adultes.

Nous vous conseillons de confier la Tutelle à un organisme de tutelle vraiment en dernier recours, si vous ne pouvez pas faire autrement.

Il faut savoir qu'en optant pour ce choix, en tant que parents, vous perdez tous les droits de regard sur votre enfant. Seul le tuteur est habilité à prendre des décisions.

Un établissement spécialisé, évidemment, ne peut pas vous refuser une visite à votre enfant mais peut refuser de faire une réunion avec vous du fait que vous n'êtes pas le Tuteur, même si vous êtes la maman ou le papa.

Arrivent encore trop souvent des témoignages de parents relatant ces faits.

Les parents ne doivent pas redouter la gestion de la Tutelle de leur enfant.

Dans l'intérêt de la personne à protéger, il faut, le cas échéant, savoir faire taire les rivalités et griefs entre les parents en cas de divorce.

Avec l'autorisation du Juge des Tutelles, peuvent être désignés deux cotuteurs.

Cela facilite la gestion des comptes.

De toute manière, au regard de ce que gagnent nos enfants devenus adultes, la gestion financière est rapide à faire et peut même faire l'objet d'une dispense.

Ce qui est important, c'est de garder l'autorité sur la personne à protéger, sur notre enfant.

J'ai quelques inquiétudes concernant l'avenir de mon enfant qui est handicapé à 80 %.

Pour son avenir, et dans l'éventualité où je viendrais à décéder, et dans l'intérêt de mon enfant, j'ai préféré m'en remettre aux Juges des Tutelles pour la gestion de son bien.

Le Juge des Tutelles du tribunal prononce la mise sous Tutelle de mon fils mais j'avais demandé un droit de regard pour être sûr que mon enfant ne soit pas dans le besoin.

Un organisme est donc nommé en qualité de Tuteur...

.... De plus, depuis peu, il y a eu encore un changement. Mon enfant ne reçoit plus de récapitulatif de ses comptes bancaires, ni de bilan annuel. Pour ma part cela me permettait de contrôler le suivi de ses comptes en cas de dysfonctionnement de cette association car mon but est que mon enfant ne se retrouve pas sans argent.

Il y a une réunion Tuteur / Majeur Handicapé/ Référent au Foyer où réside mon enfant, mais en qualité de parent, je n'ai apparemment pas le droit d'y assister, ce qui est fort déplaisant. Cette situation m'écarte totalement du suivi de mon enfant.

Lorsque j'avais fait ma demande auprès du Juge des Tutelles, je souhaitais avoir un droit de regard dans l'intérêt de celui-ci.

En tant que parent, il n'y a pas de possibilité de se rendre compte si notre enfant majeur n'est pas dans le besoin.

De plus, je ne suis jamais convié à participer aux bilans annuels en présence du Tuteur institutionnel, ni même lorsqu'il s'agit de l'orientation de mon enfant devenu majeur.

La seule chose que l'on sait me dire : « vous n'êtes pas le Tuteur ».

Même chose en ce qui concerne la santé de mon enfant et le suivi chez certains spécialistes (aucun droit).

J'ai souhaité assister à la réunion Tuteur/Référent/Majeur mais le référent m'a informé que je n'avais pas le droit d'y assister car cela se passe au Foyer.

J'ai aussi demandé d'assister au Conseil de la Vie Sociale. Même chose, cela m'a été refusé.

Je souhaite savoir ce que je dois faire car cette situation me semble inquiétante et elle est loin de me rassurer pour son avenir.

J'aimerais connaître les éventuelles démarches et surtout mon droit en tant que parent.

Je fais cette démarche pour le bien-être de mon enfant et pour que je sois plus serein pour son avenir.

Tutelle, Curatelle.

Pour nous, parents, c'est une étape importante dans la vie de notre enfant !

Étape essentielle dans la vie de tout enfant handicapé mental qui devient adulte, la tutelle et la curatelle sont un passage obligatoire pour les parents.

Même si le jeune handicapé, à l'âge de 18 ans, n'est pas du tout autonome et, de ce fait, incapable d'avoir la maîtrise de sa vie, les parents perdent tout contrôle, au regard de la loi, sur leur enfant.

Tant que tout va bien, l'avis sera demandé aux parents concernant l'avenir du jeune adulte handicapé. En cas de désaccord, par exemple, sur des décisions d'orientation ou médicales, les parents qui n'auraient pas fait une demande de tutelle peuvent théoriquement s'entendre dire « on n'a pas besoin de votre avis puisque votre enfant est majeur ».

C'est pour cela que nous conseillons à tous les parents, dont l'enfant approche les 18 ans, de commencer la constitution du dossier de mise sous tutelle ou curatelle.

La mise sous tutelle auprès d'un organisme a un inconvénient. En effet, la personne protégée a besoin de l'argent nécessaire pour s'acheter tous les vêtements dont elle a besoin. Bien souvent lorsque l'on prend la personne protégée à domicile pour un week-end, elle n'est pas habillée décemment. La famille, les frères et les sœurs n'ont aucun droit de regard sur les comptes de la personne handicapée. Autre inconvénient, il est impossible de contrôler ce que fait le tuteur.

Dernièrement, j'ai écrit à l'institution où est ma fille pour leur demander les projets qu'ils ont pour elle. Ils se réfugient derrière l'organisme de tutelle.

•

Pouvez-vous m'aider à être mieux informé sur les activités de ma fille dont je n'ai pas la Tutelle. Au-delà des problèmes juridiques de tutelle, cet échange d'informations ne peut qu'être positif pour tous. Le climat d'écoute s'en trouverait amélioré au sein de la famille et permettrait, au long terme, une reprise de dialogue.

Les parents ne doivent confier la Tutelle à un organisme de tutelle vraiment qu'en dernier recours, s'ils ne peuvent pas faire autrement.

Dans l'intérêt de la personne à protéger, il faut, le cas échéant, savoir faire taire les rivalités et griefs entre les parents en cas de divorce.

Je fais aujourd'hui appel à votre connaissance du sujet afin de savoir ce qu'il est encore possible de faire... Je me sens un peu dans une impasse.

Voici tout d'abord la situation :

Divorcée depuis le...

Mon fils : polyhandicapé lourd né le..., résidant encore chez son père en attente d'un placement en internat.

Communication très difficile, voire inexistante avec son père.

À plusieurs reprises, le sujet de la tutelle aurait dû être abordé mais ne l'a jamais été...

Des démarches ont sûrement déjà été faites par le père mais il refuse d'en parler.

Que dois-je faire pour être, en tant que mère, tutrice de mon fils majeur aujourd'hui ?

Puis-je faire les démarches moi-même sans l'accord du père ?

Qu'en est-il si le père a déjà fait ces démarches et qu'il est aujourd'hui, son tuteur ?

Puis-je me "rajouter" ?

Si je ne peux pas me "rajouter", son père peut-il m'empêcher de prendre mon fils chez moi (congés, weekend...) quand il sera en internat ?

Je suis désolée de l'abondance de question mais je suis dans une impasse.

●

Les contacts autorisés avec ma fille sont très limités, ce dont je souffre, comme tout parent qui serait dans ma situation. Il me semble important de maintenir au mieux les liens familiaux dans toute prise en charge.

Il faut savoir qu'en optant pour ce choix, en tant que parents, vous perdez tous les droits de regard sur votre enfant. Seul le tuteur est habilité à prendre des décisions.

Est-ce que l'établissement a le droit de décider de mettre mon enfant en internat sans mon autorisation ?

•

J'ai un enfant handicapé. Il est dans un établissement ESAT. Il travaille en service et restauration. Son père était son tuteur légal. Suite à une décision de justice, la tutelle lui a été enlevée.
J'ai fait appel de la décision par lettre recommandée pour être la tutrice de mon enfant.
A ce jour, je n'ai jamais eu de réponse du tribunal des tutelles qui a donné la tutelle à un grand organisme. Ils ont même fait signer des papiers à notre enfant sans nous en informer.
Est-ce normal et que puis-je faire ?

Ce qui est important, c'est de garder l'autorité sur la personne à protéger, sur notre enfant.

Je m'occupe de ma sœur handicapée mentale jour et nuit et elle est sous tutelle de l'U... J'ai écrit au juge afin de reprendre la tutelle. Peut-on me la refuser ?

•

Je trouve les informations sur le site très utiles. Mon fils a son renouvellement de curatelle renforcée la semaine prochaine. J'ai demandé à reprendre la curatelle renforcée du fait que mon fils est parti en Belgique. La curatrice actuelle veut déléguer la curatelle à une association de nord, ce qui dans ce cas compliquerait les démarches. Des renseignements pourront m'être utiles.

Les parents ne doivent pas redouter la gestion de la Tutelle de leur enfant.
Avec l'autorisation du Juge des Tutelles, peuvent être désigné deux cotuteurs.
Cela facilite la gestion des comptes.
De toute manière, au regard de ce que gagnent nos enfants devenus adultes, la gestion financière est rapide à faire et peut même faire l'objet d'une dispense.

Je suis tutrice de mes deux enfants adultes handicapés adultes. Je m'occupe aussi de mon père et de mon frère malade. On m'a dit que je pouvais demander l'aide d'une sous tutrice pour gérer plus facilement. Pourriez-vous m'en dire plus ?

Chaque parent est libre de décision. Les établissements spécialisés n'ont pas à s'immiscer dans cette réflexion. Sauf, évidemment, si la famille lui a demandé conseil.

J'exerce la curatelle aggravée, et j'héberge actuellement ma fille handicapée.
Nous envisageons une intégration en Foyer pour qu'elle gagne en autonomie.
Après avoir rempli tous les dossiers nécessaires, nous venons d'apprendre du Foyer concerné que celui-ci "exige" que je me sépare de la curatelle aggravée que j'exerce, pour la confier à une association. C'est la condition pour pouvoir intégrer ma fille.
Je suis très surpris par cette demande, par ailleurs tardive.
Beaucoup de foyers pour adultes handicapés exigent-ils cela ?
Cela vous semble-t-il exagérer ou non ? Peut-on y faire quelque chose ?

On peut se poser la question. Les organismes tutélaires, s'occupent-ils de « trouver » une place d'accueil ?
On peut légitimement en douter lorsqu'on comptabilise les visites du tuteur désigné à la personne protégée.
Les parents sont souvent perplexes et inquiets du suivi de leur enfant censé être protégé.

Le juge des tutelles m'avait déployé les arguments en faveur d'une tutelle d'État qui dispose de réseaux privilégiés pour trouver très rapidement une structure adaptée à mon enfant. J'ai, à l'époque, partagé son avis pour "confier à des personnes professionnelles et compétentes" la tutelle de mon enfant....jusqu'à ce que je me rende compte de la réalité et demande à récupérer la tutelle mais sans succès jusqu'à ce jour.

•

J'envisage de prendre rendez-vous chez un notaire pour faire établir un Mandat de Protection Future pour qu'à mon décès, la tutrice de mon fils ne soit pas la seule à gérer ses biens. Je souhaiterais que ma fille puisse également aider son frère en ce sens.
Selon mon expérience, les tutrices ont trop de dossiers à gérer et beaucoup de personnes handicapées sont à l'abandon, surtout lorsqu'ils sont hospitalisés en urgence.

Il arrive qu'ils n'aient ni vêtements, ni argent de poche parce que la tutrice ne s'en est pas occupée !

Dans le cas de mon fils, j'ai eu la surprise de le voir à l'hôpital sans chaussons, en pyjama de jour et de nuit, les cheveux longs, non coupés, la barbe folle et personne ne faisait rien !

Ceux qui n'ont pas de famille doivent être complètement à l'abandon.

•

Je suis le Père d'une jeune femme, IMC depuis sa naissance. Ma fille O a été dans différents établissements tout en restant au sein de la famille jusqu'à l'âge de 27 ans. Elle vit maintenant dans une MAS.

Ce changement est intervenu suite à une procédure de divorce (encore en cours à ce jour) à mon initiative. Face à la difficulté de communication avec la maman, j'ai souhaité faire protéger ma fille en faisant une demande de mise sous tutelle.

Elle est donc actuellement en tutelle (avec un mandataire de l'H).

Depuis plusieurs mois maintenant, je rencontre d'énormes difficultés avec le tuteur.

J'ai souhaité faire des démarches afin de la changer d'établissement – et ce pour la rapprocher de mon domicile et de celui de sa maman (avec l'accord de cette dernière).

Le tuteur a pris l'initiative de faire annuler le dossier déposé sans notre avis, ni à l'un, ni à l'autre.

Ma fille rencontre d'importantes difficultés avec sa coquille. Après plusieurs interventions et modifications, le problème n'est toujours pas résolu. Mes nombreuses interventions pour aider à résoudre le problème n'ont pas été prises en compte.

Détérioration de sa scoliose, entre autres...

On ne nous fait jamais participer en aucune façon aux décisions ou discussions. Nous avons des doutes également sur les traitements médicaux pris par ma fille.

Ses vacances ont été annulées (une fois sur place) : prise de conscience par l'établissement de l'impossibilité de la garder due à sa dépendance.... Nous n'avons pas d'informations sur le remboursement du séjour de ma fille. (A priori, cela ne nous regarde pas...).

Depuis sa mise sous tutelle et à la MAS, jamais sa maman et moi-même, nous avons été informés de sa situation et de son état, tant physique que moral.

Je vais rendre visite à ma fille toutes les semaines après autorisation du centre.

Je la prends un dimanche par mois, sa maman aussi.

J'ai contacté depuis début juillet un avocat afin de m'aider à retrouver des droits sur mon enfant. Malheureusement, après maintenant 4 mois, rien n'a été fait. J'envisage donc de me séparer de mon avocat.

Face à ces graves difficultés, je me sens de plus en plus démuni et souhaiterais avoir conseils, informations et aides.

Lorsque nous, parents, demandons la mise sous tutelle de notre enfant handicapé, nous devons fournir deux certificats médicaux.

Les 2 certificats à la requête sont :

- Celui du médecin traitant.

- Celui du psychiatre inscrit sur la liste prévue par l'article 439-1 du Code civil.

Ce certificat est en fait une expertise médicale qui peut être envoyée directement au juge pour préserver le secret médical. Le certificat fourni par le médecin traitant est remboursé par la Sécurité sociale comme une consultation courante. Par contre le certificat délivré par le spécialiste n'est pas du tout remboursé. Cette « consultation dure 10 à 15 minutes. Elle coûte aux parents environ 160 euros. Ce certificat est obligatoire.

Je trouve scandaleux que personne (associations) ne s'insurge contre une directive de cette nouvelle loi qui impose de repasser chez un médecin expert (coût de la consultation : 160 €). Mon fils 30 ans, polyhandicapé profond, séjourne dans une MAS. Son seul avenir, c'est de mourir à petit feu après de multiples passages aux urgences pour des erreurs grossières de prise en charge. Il est handicapé profond, grabataire à cause d'escarres. Il ne parle pas. Il est nourri par gavage entéral et il n'a absolument aucune chance de retrouver un minimum d'autonomie.

Ce que l'on nous demande, c'est de le transporter chez l'un de ces médecins experts qui n'aura aucun mal à constater l'évidence.

Pourquoi la reconduction de tutelle, n'aurait-elle pas pu se faire sur la base du Protocole d'examen Spécial (certificat médical) fourni à la MDPH lors du renouvellement d'agrément MAS ?

La MAS que fréquente notre fils accueille 40 résidents, tous sous tutelle et logiquement à vie. Cette mesure va nécessiter 40 consultations à 160 €, mais surtout 40 déplacements de personnes lourdement handicapées. Cela est pour moi un scandale auquel je refuse de me soumettre au risque de perdre la tutelle de mon fils.

Frères et sœurs

Lorsque les parents ne seront plus là.

On aimerait bien que ce soit la fratrie qui prenne le relais.

Ce serait rassurant. Mais rien ne doit lui être imposé, et en cas de refus, personne ne peut les culpabiliser. C'est leur liberté de choix.

J'ai lu des articles juridiques sur le "Mandat de Protection Future" mais j'ignore si cette loi peut s'appliquer à mon cas.

Je voudrais établir un testament chez un notaire car j'ai deux enfants dont un handicapé psychique. Mon enfant handicapé est majeur, sous curatelle renforcée. Il est pris en main dans une MAS (Maison d'Accueil Spécialisé).

Dans ce cas, est-il possible d'inclure dans mon testament : "Un Mandat de Protection Future", mentionnant que je souhaite qu'à mon décès, sa sœur soit la mandataire chargée, avec la tutrice, de cogérer le bien que je laisserai à son frère dans ma succession ?

•

D'une famille de 7 enfants avec deux frères et sœurs handicapés, l'un en tutelle, l'autre en Curatelle, je recherche, sur C ou proche banlieue, un notaire spécialisé dans les successions avec enfants handicapés.

Nous voulons connaître les meilleures solutions pour préparer la succession de nos parents âgés en protégeant nos frères et sœurs.

•

J'ai un frère et une sœur handicapés mentaux sévères qui résident à la MAS de F depuis 10 ans. Je me suis occupée d'eux jusqu'au décès de mes parents. Ayant moi-même des enfants à élever et une vie de famille, je me suis résignée à les mettre sous tutelle. J'aimerais avoir plus de détails sur les droits de la famille. En effet, j'ai reçu un appel de la MAS me signalant que mon frère avait été hospitalisé une semaine. Il avait été opéré et il venait de rentrer de l'hôpital. Je n'ai pas été mise au courant de son hospitalisation et je n'ai donc pas pu aller le voir. Heureusement, il s'agissait "juste" d'une double fracture du pied ». Pourquoi on ne m'a pas averti de cet accident ? C'est mon frère et on ne m'informe qu'après coup.

Les parents vieillissent. Les frères et sœurs s'inquiètent.

Je viens au nom de mon frère handicapé depuis l'âge de 6 mois suite à des convulsions qui ont occasionné un retard intellectuel. Il est sujet aux crises d'épilepsie.

Malheureusement, étant donné le peu de places, il est actuellement dans une MAS. Mes parents, proches de lui, et surtout Maman, s'inquiètent énormément de leurs façons de faire. Donc, je me permets de vous écrire grâce à Internet pour que vous puissiez les contacter, soit pas téléphone ou par écrit.

Je me fais moi-même du souci. Même si ces personnes sont nées pas comme les autres, nous n'avons pas le droit de les réduire à de simples objets. Soyons décents, ce sont des êtres humains.

●

Mon frère va avoir bientôt 60 ans. Pourra-t-il rester dans sa MAS ?

●

J'habite dans le B.

J'ai une sœur handicapée mentale qui réside dans un Foyer de vie

J'aimerais, étant seule et rencontrant des difficultés au sein de l'équipe qui gère ma sœur, être épaulée et soutenue pour des problèmes relationnels entre le Foyer, ma sœur et moi-même.

Je n'ai aucun poids face à eux. Ils se sentent les plus forts et je n'ai pas gain de cause.

Je vous serais reconnaissant de bien vouloir me répondre pour m'orienter vers une association qui pourrait me conseiller et rencontrer la Direction avec moi.

●

Je cherche une formation qui me permettrait de mieux répondre aux besoins spécifiques de ma sœur polyhandicapée. Que pourriez-vous me conseiller ? Merci par avance de vos conseils.

●

Mon frère handicapé mental léger était en famille d'accueil depuis 1 an et demi. Sa famille d'accueil n'en veut plus et démissionne. Mon frère va devoir retourner chez ma mère qui a 75 ans et qui est bien fatiguée. Est-ce normal ? La loi CRETON existe-t-elle pour ce genre d'accueil ? Je suis perdue. J'ai besoin d'aide !

●

Il faut s'informer sur le problème du handicap pour se sentir moins seuls dans la situation. La nôtre est la suivante. Un de mes frères est handicapé mental à 90 %. Il vit actuellement dans un centre médico-social.

Il a maintenant plus de 40 ans. Nos parents, en voulant nous épargner leur souffrance, à moi et ma sœur, ne se sont rarement montrés communicatifs sur la question du handicap de notre frère.

Chacun a fondé sa famille en considérant que la situation de notre frère était gérée par nos parents. Notre père gère tous les aspects administratifs et financiers du dossier seul sans véritable communication vers son entourage. Jusqu'à ce qu'il se décide récemment de nous en parler pour la première fois (à nous enfants) sur notre demande. Au-delà de la découverte de la situation qui est d'abord perçue à notre niveau comme une douleur familiale, il ressort de cette entrée dans le sujet des inquiétudes sur l'incertitude de l'avenir de notre frère mais indirectement aussi sur le nôtre.

La question d'actualité qui préoccupe nos parents est l'avenir au-delà de 60 ans de mon frère. Sera-t-il maintenu dans le centre actuel ou devra-t-il le quitter pour aller où, dans quelles conditions et pris en charge par qui ? Nous ne disposons d'aucun élément rassurant sur cette question.

Par ailleurs, découvrant un tel dossier, nous constatons sa complexité financière dans son mode de gestion. Nos parents vont entrer dans un âge avancé avec des difficultés de santé avec la nécessité à terme de devoir se faire aider voire relayer sur cette question.

Plus tard, la tutelle actuellement exercée par notre père devra être assurée par une autre personne. Comment cela est-il décidé ? Qui est choisi ? Enfin, il reste que les aides aux personnes handicapées ne couvrent pas la totalité des frais journaliers. Comment est réglé le complément ? Est-ce une prise en charge totale ou partielle par l'État ? Dans ce deuxième cas, que représente-t-elle ?

Nous reconnaissons entrer dans la question du handicap mental avec un peu d'éléments mais la question de nos avenirs respectifs nous préoccupe fortement du fait que nos enfants sont encore très jeunes et que cette situation qui nous était épargnée depuis nos jeunes enfances à maintenant pourrait bouleverser nos vies (travail, famille, activités, retraite...).

Votre compétence sur ces graves questions sera bien sûr la bienvenue. Dans l'espoir de disposer prochainement d'une vision plus claire de nos avenirs !

ÉPILOGUE

Sans les établissements spécialisés, il y a encore moins d'avenir pour nos enfants et adultes. C'est pour cela que, nous parents, nous devons œuvrer pour qu'ils fonctionnent au mieux.

Nous espérons que la lecture de ces pages incitera à travailler pour une amélioration sensible du fonctionnement de ces établissements.

Ce recueil n'est pas une critique du monde professionnel qui s'occupe de ces structures. Son travail difficile mériterait d'être revalorisé surtout pour le personnel qui est au contact direct avec les résidents. Cette absence de reconnaissance fait que les professionnels hésitent à s'engager sur le long terme dans cette profession.

Et c'est bien dommage car nous avons rencontré des femmes et des hommes qui s'investissent totalement dans leur fonction, faisant le maximum avec ce qu'on leur donne comme moyens.

Avoir une place d'accueil est un droit que devrait posséder chaque personne handicapée. Ce n'est pas le cas actuellement.

Pas un Ministre n'a fait moins bien que les autres... mais pas un n'a fait mieux que les autres ! Quelle que soit la couleur politique des gouvernements, le moins qu'on puisse dire c'est qu'ils ne sont pas très généreux et pressés de prendre des mesures énergiques pour créer des places d'accueil dans les établissements spécialisés. Les Ministres se succèdent au Secrétariat chargé des Personnes Handicapées, découvrent l'ampleur des dégâts et le manque énorme de places d'accueil, s'émeuvent... et passent à un autre poste plus « en vue ». Pas un Ministre, à ce poste, n'a fait moins bien que les autres... mais pas un n'a fait mieux que les autres. N'en doutons pas un seul instant, ce qui peut faire bouger le monde du handicap, c'est la mobilisation des parents d'enfants et adultes handicapés. Ils ne doivent compter, sur le long terme, que sur eux.

L'État et les Collectivités sont défaillants laissant beaucoup de familles se débrouiller seules. Cette situation qui est imposée aux parents est injuste.
Mais tout cela vous échappe à la naissance de votre enfant.

Je me souviens d'avoir tout ignorer de ce qui était présent autour de moi. Vous apprenez vite ! Vous ne pouvez pas rester dans l'ignorance longtemps. On se charge de vous faire comprendre que, dans ce domaine, tout est complexe, et que ce n'est pas votre révolte de parent isolé qui va transformer la situation. Il y a des règles à respecter. Alors résigné, on finit par rentrer dans le rang et on attend que les choses se fassent.

Dans le monde du handicap mental, la liberté de choix n'existe pas.

Il est vrai qu'elle est, par ailleurs, souvent restreinte, mais là, il n'y a pas la moindre faille de ce qui pourrait vous donner l'illusion d'être maître de vos décisions. On ne choisit pas telle association plutôt qu'une autre pour ses compétences et son approche du handicap. On choisit l'association qui a une place.

Il y a pourtant des différences. C'est l'éventuelle place disponible qui fait que votre enfant va vers tel établissement plutôt que tel autre.

J'ai rencontré, aussi ce jour-là, une mère radieuse qui m'expliquait sa joie de voir, enfin, son fils intégrer une Maison d'Accueil Spécialisée. Son enfant, âgé de plus de vingt ans, venait de passer plusieurs mois en hôpital psychiatrique car elle ne pouvait pas s'en occuper elle-même. De quoi vous culpabiliser à l'extrême ! Les hôpitaux psychiatriques ont changé, mais ont-ils vocation à cela ? Je pense souvent à cette maman, et, par extension, j'imagine mon fils, obligé d'aller dans un hôpital psychiatrique. On ne sait jamais ce que l'avenir réserve. Sachant qu'il existe des établissements spécialisés pour recevoir des enfants comme le mien, il y aurait une grande amertume et de réels soupçons sur la volonté de solidarité affichée par ceux qui nous gouvernent.

Au-delà des considérations « politiques » sur le poids que peuvent représenter les parents d'enfants et adultes handicapés, il y a tout le secteur éducatif où ils se doivent d'intervenir. L'équipe des professionnels a besoin des parents. La réciproque est vraie.

Pour les professionnels, cette relation les oblige à parler avec des mots simples, loin du jargon théorique assez distant des préoccupations des parents. Devant eux, ils reviennent au cas particulier pour échapper à la généralité. L'inverse est vrai. Pour les parents, cela les force à s'extérioriser, à échapper au cas particulier. L'aspect général du problème peut leur permettre de franchir le pas vers une pleine acceptation du handicap de leur enfant.

Ce dialogue, encore insuffisant, doit faciliter une plus large acceptation de l'établissement spécialisé.

Les parents, s'ils n'y prennent pas garde, peuvent avoir le sentiment que leur enfant devenu adulte leur échappe définitivement. Ce temps difficile à vivre doit inciter un nouveau regard sur ce qu'est devenu leur enfant. De l'inquiétude pour cette nouvelle étape peut se substituer une nouvelle présence.

La réflexion sur les établissements ne peut se faire sans les parents. C'est l'assurance pour les deux parties, parents et professionnels, de progresser réciproquement de manière positive.

Se rendre compte que son enfant grandit montre que le temps passe, et amène des questions parfois douloureuses. Que deviendra-t-il après la disparition des parents ?

Cette question vient régulièrement à l'esprit. Plus les parents avancent en âge, plus la préoccupation devient forte.

Il y a bien sûr les frères et les sœurs. Il y aurait une forme d'injustice à vouloir à tout prix les persuader que ce sont eux qui prendront le relais. Il n'y a pas à les culpabiliser. Le temps fera son œuvre.

Les aléas de la vie feront qu'ils pourront plus ou moins s'occuper de leur sœur ou frère handicapé.

En aucun cas ils doivent ressentir cela comme une contrainte, un poids qui va les accompagner tout au long de leur vie.

Le véritable élément qui peut apaiser les craintes légitimes des parents est évidemment la prise en charge de manière suivie, dès le plus jeune âge, de leur enfant par une association qui pourrait être considérée comme une deuxième famille.

SIGLES

ABSL Association Sans But Lucratif

AEEH Allocation d'Education de l'Enfant Handicapé

AMP Aide Médico-Psychologique

ANESM Agence Nationale de l'Evaluation et de la qualité des Etablissements et Services sociaux et Médico-Sociaux

ARS Agence Régionale de Santé

AWIPH Agence Wallonne pour l'Intégration des Personnes Handicapées

CAF Caisse des Allocations Familiales

CAJ Centre d'Activité du jour.

CDAPH Commissions des Droits et de l'Autonomie des Personnes Handicapées

CG Conseil Général

CMP Centre Médico-Psychologique

CPAM Caisse Primaire d'Assurance Maladie

CPOMS Contrats Pluriannuels d'Objectifs et de Moyens

CVS Conseil de la Vie Sociale

EMP Etablissement Médico-Pédagogique

EMPro Etablissement Médico-Professionnel

ESAT Etablissement et Service d'Aide par le Travail

FAM Foyer d'Accueil Médicalisé

HP Hôpital Psychiatrique

IME Institut Médico-Educatif

IMPro
Institut Médico-
Professionnel

ITEP
Institut Thérapeutique,
Educatif et Pédagogique

MAS
Maison
d'Accueil Spécialisée

MDPH
Maison
Départementale des
Personnes Handicapées

PCH
Prestation
Compensation Handicap

PIA
Projet Individuel Adapté

ROI
Règlement d'Ordre
Intérieur

IMC Invalide Moteur Cérébral

RMI
Revenu Minimum
d'Insertion

RSA
Service Résidentiel pour
personnes Adultes

SMIC
Salaire minimum
interprofessionnel de
croissance

ULIS
Unité Localisée d'Inclusion
Scolaire

UMD
Unité des Malades
Difficiles.

USIP
Unités de Soins Intensifs
Psychiatriques

TABLE DES MATIÈRES

Le désir de créer un établissement

Les Travailleurs handicapés
Les Conseils de Vie Sociale
Des CVS aux Conseils d'Administration des associations
gestionnaires d'établissements
Problèmes de transport

Violences psychologiques
Maltraitance et Prévention des dysfonctionnements
institutionnels

La prévention des Violences Institutionnelles dans les
établissements spécialisés

Tracasseries et indifférences administratives.
Dossier médical
Les Maisons Départementales du Handicap (MDPH)
Allocations
L'allocation aux adultes handicapés (AAH)

L'avenir de nos enfants.
Parents, pensez à demander la Tutelle ou la Curatelle de vos
enfants devenus adultes
Tutelle, Curatelle. Frères et sœurs.

www.ingramcontent.com/pod-product-compliance
Lightning Source LLC
Chambersburg PA
CBHW062123280526

45788CB00001B/31